Sistema financeiro nacional

PUBLICAÇÕES
FGV Management

ECONOMIA E FINANÇAS

Sistema financeiro nacional

Robson Ribeiro Gonçalves
Cristóvão Pereira de Souza

Copyright © 2018 Robson Ribeiro Gonçalves; Cristóvão Pereira de Souza

Direitos desta edição reservados à
EDITORA FGV
Rua Jornalista Orlando Dantas, 37
22231-010 – Rio de Janeiro, RJ – Brasil
Tels.: 0800-021-7777 – 21-3799-4427
Fax: 21-3799-4430
editora@fgv.br – pedidoseditora@fgv.br
www.fgv.br/editora

Impresso no Brasil / *Printed in Brazil*

Todos os direitos reservados. A reprodução não autorizada desta publicação, no todo ou em parte, constitui violação do copyright (Lei n° 9.610/98).

Os conceitos emitidos neste livro são de inteira responsabilidade dos autores.

1ª edição – 2018

PREPARAÇÃO DE ORIGINAIS: Sandra Frank
REVISÃO: Aleidis de Beltran
CAPA: aspecto:design
PROJETO GRÁFICO DE MIOLO: Ilustrarte
EDITORAÇÃO: Abreu's System

Ficha catalográfica elaborada pela Biblioteca Mario Henrique Simonsen/FGV

Gonçalves, Robson Ribeiro
    Sistema financeiro nacional / Robson Ribeiro Gonçalves, Cristóvão Pereira de Souza. – Rio de Janeiro : FGV Editora, 2018.
    144 p.

    Publicações FGV Management.
    Área: Economia e finanças.
    Inclui bibliografia.
    ISBN: 978-85-225-2013-8

    1. Finanças – Brasil. 2. Instituições financeiras – Brasil. 3. Bancos – Brasil. 4. Mercado financeiro – Brasil. 5. Mercado de valores mobiliários – Brasil. 6. Fundos de investimento – Brasil. I. Souza, Cristovão Pereira de. II. FGV Management. III. Fundação Getulio Vargas. IV. Título.

                                  CDD – 332.0981

Aos nossos alunos e aos nossos colegas docentes, que nos levam a pensar e repensar nossas práticas.

Sumário

Apresentação	9
Introdução	13
1 | Breve histórico da evolução e da regulação do sistema financeiro	**17**
Um pouco de história	18
A evolução do mercado bancário	20
O interbancário, o Tesouro Nacional e o Banco Central	23
Uma reflexão relevante: moeda, bancos, ações e regulação	25
O caso brasileiro: de d. João ao regime de metas para a inflação	27
A dimensão do sistema financeiro brasileiro atual	32
Em resumo	37
2 | O mercado bancário e as "financeiras"	**39**
Bancos comerciais	40
Caixas Econômicas	45
Bancos de investimento	48
Agências de fomento	52
Banco Nacional de Desenvolvimento Econômico e Social (BNDES)	54
Banco do Nordeste do Brasil S.A. (BNB)	61
Financiadora de Estudos e Projetos (Finep)	63
Em resumo	65

3 | O Sistema Financeiro da Habitação (SFH) e o Sistema Financeiro
Imobiliário (SFI)   67

SFH: caracterização original e particularidades   68

A crise do SFH e o SFI   72

O SBPE, as sociedades de crédito imobiliário e as associações
de poupança e empréstimo   78

O FGTS, a privatização e os subsídios do Minha Casa,
Minha Vida   81

Regime especial de tributação (RET) e patrimônio de afetação   84

Em resumo   86

4 | O mercado de valores mobiliários   89

Bolsas de valores   90

Corretoras   111

Distribuidoras   113

Em resumo   114

5 | O mercado dos fundos de investimento   115

Características gerais dos fundos de investimento   116

Como funcionam os fundos: administradores, gestores,
cotistas, ativos   119

Classificação dos fundos   125

Limites para a composição das carteiras   130

Clubes de investimento   133

Em resumo   136

Conclusão   137

Referências   139

Autores   143

Apresentação

Este livro compõe as Publicações FGV Management, programa de educação continuada da Fundação Getulio Vargas (FGV).

A FGV é uma instituição de direito privado, com mais de meio século de existência, gerando conhecimento por meio da pesquisa, transmitindo informações e formando habilidades por meio da educação, prestando assistência técnica às organizações e contribuindo para um Brasil sustentável e competitivo no cenário internacional.

A estrutura acadêmica da FGV é composta por nove escolas e institutos, a saber: Escola Brasileira de Administração Pública e de Empresas (Ebape), dirigida pelo professor Flavio Carvalho de Vasconcelos; Escola de Administração de Empresas de São Paulo (Eaesp), dirigida pelo professor Luiz Artur Ledur Brito; Escola de Pós-Graduação em Economia (EPGE), dirigida pelo professor Rubens Penha Cysne; Centro de Pesquisa e Documentação de História Contemporânea do Brasil (Cpdoc), dirigido pelo professor Celso Castro; Escola de Direito de São Paulo (Direito GV), dirigida pelo professor Oscar Vilhena Vieira; Escola de Direito do Rio de Janeiro (Direito Rio), dirigida pelo professor Sérgio Guerra; Escola de Economia de São Paulo (Eesp), dirigida pelo professor Yoshiaki Nakano; Instituto Brasileiro de Economia (Ibre), dirigido pelo professor Luiz Guilherme Schymura de Oliveira; e Escola de Matemática Aplicada (Emap), dirigida pela professora Maria Izabel Tavares Gramacho. São diversas unidades com a marca FGV, trabalhando com a mesma filosofia: gerar e disseminar o conhecimento pelo país.

Dentro de suas áreas específicas de conhecimento, cada escola é responsável pela criação e elaboração dos cursos oferecidos pelo Instituto de Desenvolvimento Educacional (IDE), criado em 2003, com o objetivo de coordenar e gerenciar uma rede de distribuição única para os produtos e serviços educacionais produzidos pela FGV, por meio de suas escolas. Dirigido pelo professor Rubens Mario Alberto Wachholz, o IDE conta com a Direção de Gestão Acadêmica (DGA), pelo professor Gerson Lachtermacher, com a Direção da Rede Management pelo professor Silvio Roberto Badenes de Gouvea, com a Direção dos Cursos Corporativos pelo professor Luiz Ernesto Migliora, com a Direção dos Núcleos MGM Brasília, Rio de Janeiro e São Paulo pelo professor Paulo Mattos de Lemos, com a Direção das Soluções Educacionais pela professora Mary Kimiko Magalhães Guimarães Murashima. O IDE engloba o programa FGV Management e sua rede conveniada, distribuída em todo o país e, por meio de seus programas, desenvolve soluções em educação presencial e a distância e em treinamento corporativo customizado, prestando apoio efetivo à rede FGV, de acordo com os padrões de excelência da instituição.

Este livro representa mais um esforço da FGV em socializar seu aprendizado e suas conquistas. Ele é escrito por professores do FGV Management, profissionais de reconhecida competência acadêmica e prática, o que torna possível atender às demandas do mercado, tendo como suporte sólida fundamentação teórica.

A FGV espera, com mais essa iniciativa, oferecer a estudantes, gestores, técnicos e a todos aqueles que têm internalizado o conceito de educação continuada, tão relevante na era do conhecimento na qual se vive, insumos que, agregados às suas

APRESENTAÇÃO

práticas, possam contribuir para sua especialização, atualização e aperfeiçoamento.

Rubens Mario Alberto Wachholz
Diretor do Instituto de Desenvolvimento Educacional

Sylvia Constant Vergara
Coordenadora das Publicações FGV Management

Introdução

O sistema financeiro é o coração das economias de mercado. Indústria, comércio, agropecuária e demais serviços estão em relação estrita com os diversos segmentos do sistema financeiro. Do mesmo modo, a gestão das finanças dos governos seria impensável sem um mercado organizado de títulos públicos.

No caso brasileiro, as atividades financeiras representam cerca de 6% do PIB, segundo os dados mais recentes das contas nacionais do Instituto Brasileiro de Geografia e Estatística (IBGE). Já nos EUA, de acordo como o Bureau do Economic Analysis (BEA), essa participação é da ordem de 7% (ver <www.ibge.gov.br> e <www.bea.gov>, respectivamente, para dados sobre os PIBs brasileiro e norte-americano).

Pode não parecer uma participação expressiva, mas o encadeamento e a capilaridade da atuação bancária não são superados por nenhum outro segmento econômico.

Ocorre que, ao longo do século XX, o sistema financeiro se sofisticou e se especializou. A vida sem seus produtos é hoje impensável, mesmo nas regiões menos desenvolvidas do interior do país. Por conta disso, o estudo e a compreensão da estrutura do sistema financeiro e de sua regulação tornaram-se algo obrigatório para profissionais de diversas áreas, mesmo aqueles que não trabalham em instituições do setor.

SISTEMA FINANCEIRO NACIONAL

Uma cooperativa agrícola, por exemplo, não poderia funcionar de maneira eficiente mantendo-se alheia ao mercado de futuros. Ao mesmo tempo, empresas familiares que buscam se profissionalizar devem ficar mais atentas à sua gestão financeira. Isso engloba tanto o gerenciamento de seus ativos, incluindo o fluxo de caixa, quanto dos passivos (tomada de crédito) e outras formas de capitalização.

Outro aspecto de interesse é a grande capacidade de adaptação das instituições, instrumentos e operações do sistema financeiro. Essa é uma fonte de preocupação para os reguladores, como o Banco Central (Bacen) e a Comissão de Valores Mobiliários (CVM), entre outros. Novos produtos exigem novas regras, pois o potencial de risco sistêmico em diversos dos segmentos do mercado financeiro é muito grande.

Não por acaso, o Comitê da Basileia, organismo internacional que congrega os órgãos reguladores do sistema financeiro de várias partes do mundo, tem se dedicado de forma contínua ao estudo e à proposição de regulações atinentes ao risco das diferentes operações e mercados do sistema financeiro.

Desde a crise de 1929, passando pelo episódio dos *subprimes* norte-americanos em 2008, muito se aprendeu a respeito dos potenciais do sistema financeiro. Se, de um lado, ele é um dos alicerces das economias de mercado, de outro, ele é potencialmente frágil e instável.

Com os elementos apresentados até aqui e essa grande relevância da temática, este livro foi organizado em cinco capítulos, além desta introdução.

No capítulo 1, oferecemos aos leitores uma visão histórica sobre a evolução do sistema financeiro. A compreensão do processo de surgimento e desenvolvimento de bancos, seguradoras e agentes reguladores, como o BC, vai muito além de um exercício de cultura geral. Oferece também uma compreensão nova a respeito da dinâmica da relação entre instituições, seus clientes, governos e reguladores.

O capítulo 2 trata da figura mais típica do sistema financeiro: os bancos. O capítulo trata ainda das chamadas "financeiras", uma espécie de "irmãs caçulas" dos bancos, igualmente dedicadas à oferta de crédito, especialmente ao consumidor.

O capítulo 3 aborda um subsistema de grande relevância, sobretudo na história brasileira recente: o Sistema Financeiro da Habitação. O crédito imobiliário é uma peça-chave do sistema financeiro em praticamente todos os países, mas ganhou notoriedade por ter sido o estopim da crise financeira de 2008 e, no Brasil, em razão dos grandes programas habitacionais levados a efeito pelo governo federal desde 2009.

No capítulo 4 o tema é o mercado de valores mobiliários, com ênfase nas bolsas mercantil e de valores e nas instituições que operam com esses ativos, como corretoras e distribuidoras. Esse é um segmento moderno, pulsante e altamente instável, sensível às mais diversas alterações no ambiente econômico.

Por fim, o capítulo 5 trata da chamada "indústria dos fundos", uma modalidade de aplicação financeira amplamente utilizada pelas famílias de classe média que não optam pelas tradicionais aplicações em caderneta de poupança. Ocorre que a grande maioria de seus aplicadores desconhece detalhes relevantes e, por isso, o capítulo é altamente informativo.

Uma breve conclusão encerra o conteúdo do livro.

Nós, autores, acreditamos que o texto irá desafiar o leitor.

A reação, ao final de cada capítulo, talvez seja: "Eu pensava que conhecia bem esse tema!". Não por qualquer tipo de limitação do leitor, mas pelo fato de que o Sistema Financeiro Nacional é complexo e seus subsistemas, cheios de especificidades.

Ao mesmo tempo, também esperamos que a base normativa, de grande importância em todos os segmentos do sistema, fique clara para os leitores. Isso porque a regulação financeira, apesar de dinâmica e mutável, possui alguns alicerces que servem como referência, como a Lei das Sociedades Anônimas (Lei nº 6.404/1976) ou a chamada Lei da Reforma Bancária (Lei nº 4.595/1964) que, outras medidas, criou o Banco Central do Brasil.

Ao longo da leitura, sugerimos que você, leitor, reflita sobre o conjunto amplo de relações financeiras das quais participa a cada dia, seja quando nota a elevação do valor da cota de seu fundo de renda fixa ou quando observa que houve um débito automático em sua conta bancária.

Boa leitura!

Boa aventura!

1
Breve histórico da evolução e da regulação do sistema financeiro

Neste capítulo, são apresentadas as linhas gerais da história e da evolução do sistema financeiro. O objetivo é mostrar que cada um de seus muitos segmentos é herdeiro de inúmeras iniciativas visando facilitar as transações econômicas. Foram tentativas, erros e acertos no sentido de lidar com fenômenos como risco, escala de operação, liquidez, comércio internacional e cobrança de impostos, entre outros.

A leitura do capítulo provavelmente irá mudar a forma pela qual o leitor interpreta termos de seu cotidiano, tais como "prêmio do seguro" ou "cédula". Os pregões da BM&F-Bovespa ou de Wall Street não serão mais os mesmos aos olhos do leitor depois dessa breve viagem pela história do sistema financeiro e de seu elemento mais significativo: o próprio dinheiro.

Adicionalmente, o capítulo apresenta as particularidades da regulação financeira, com ênfase na atividade bancária que, até os dias de hoje, é o coração do sistema financeiro. Grandes crises, como o *crash* da bolsa de Nova York em 1929 ou a bolha dos *subprimes* em 2008, ofereceram boas lições e exigiram o aprimoramento da regulação.

Por fim, o capítulo também apresenta uma visão panorâmica das particularidades do caso brasileiro atual, cuja história é rica em elementos de reflexão.

SISTEMA FINANCEIRO NACIONAL

Ao final do capítulo, o leitor provavelmente deverá ter mudado sua percepção sobre o sistema financeiro, passando a notar que ele é uma estrutura em contínua evolução, criando novas soluções e novos desafios na busca de agilizar as transações econômicas com as quais lida todos os dias. Isso porque o sistema financeiro é parte essencial de quase todas as relações econômicas de nosso dia a dia hoje.

Um pouco de história

As cédulas em nossa carteira, a fatura do cartão de crédito, o seguro de vida e os impostos que pagamos, mesmo sem querer, estão entre os elementos mais comuns do cotidiano. Já os incorporamos à rotina diária. Mas a forma como eles evoluíram ao longo da história deve ser objeto de reflexão. Isso porque a evolução do sistema financeiro está ligada à busca de facilitar nossa vida econômica, mas essa mesma evolução foi criando novos desafios, novos riscos e oportunidades de negócio. E toda essa dinâmica continua viva nos dias de hoje, dado que os mercados financeiros estão entre os mais dinâmicos que existem.

As origens do sistema financeiro, tal como o conhecemos hoje, confundem-se com a própria história do dinheiro, da cobrança de impostos e do comércio de longa distância. Por volta do século VII a.C. surgiram os primeiros registros da utilização de moedas metálicas em substituição às trocas mercantis diretas. E, por conta de sua raridade e beleza, ouro e prata tornaram-se os metais mais utilizados para a cunhagem de moedas.

Logo depois de seu uso no comércio, as moedas metálicas passaram a ser utilizadas para a arrecadação de impostos, facilitando o processo. No Império Romano, a coleta de tributos nas províncias era delegada aos chamados publicanos, talvez um dos

BREVE HISTÓRICO DA EVOLUÇÃO E DA REGULAÇÃO DO SISTEMA FINANCEIRO

primeiros exemplos de concessão ou até de parceria público-privada da história. Garantindo níveis certos de arrecadação ao Estado, os publicanos podiam se apropriar do excedente coletado, o que gerava, muitas vezes, excessos por parte desses coletores. Pelo fato de movimentarem montantes elevados de dinheiro, os publicanos eram muitas vezes procurados por aqueles que precisavam de empréstimos e, de certa forma, foram os antecessores dos bancos públicos.

Em paralelo, a história do sistema financeiro também se confunde com a evolução dos mecanismos de convivência com o risco (Eaton e Eaton, 1999). Na Escandinávia, desde a época dos *vikings*, era comum que os pescadores de alto-mar fizessem um trato: o conteúdo da pesca de todos os barcos era reunido e partilhado igualmente. Esse é o chamado *pool* de risco, uma espécie de seguro comunitário que minimizava as chances de qualquer pescador passar fome, muito embora também reduzisse a possibilidade de que algum deles tivesse muito pescado. É interessante notar que essa prática de diluição de riscos foi registrada na Escandinávia já no século VIII, antes mesmo da introdução da moeda, mas se mantém como um princípio importante no mercado de seguros até hoje.

Por sua vez, os primeiros registros de uma transação semelhante a um seguro de vida surgiram ao final da Idade Média, em cidades comerciais como Gênova e Antuérpia. Receosos de naufragarem ou serem atacados por piratas, alguns navegantes mais ricos faziam apostas contra sua própria vida. Assim, caso eles morressem ou simplesmente desaparecessem em razão de um sinistro em alto-mar, ganhavam a aposta. Mas, como não estariam presentes para receber o "ganho", este deveria ser pago à família. Aqueles que aceitavam esse tipo de aposta, é claro, acreditavam que os navegantes fariam o máximo para preservar a própria vida e voltar sãos e salvos para casa. Não por acaso, durante muito tempo na Europa do Renascimento, os seguros de vida eram chamados de "apostas" (Huizinga, 1980).

19

SISTEMA FINANCEIRO NACIONAL

Essas breves referências históricas ajudam a compreender parte dos muitos preconceitos com relação ao sistema financeiro, ainda existentes em algumas culturas. Publicanos, *vikings* e jogadores nunca foram considerados exemplos de virtude. No entanto, da mesma forma que a moeda em si, os diversos segmentos ou "produtos" do sistema financeiro evoluíram no sentido de facilitar nossa vida material. Por essa razão, os diversos mercados oferecem vantagens diversas a todos os participantes. Seguros e mercados futuros diluem o risco; o mercado de crédito coloca frente a frente agentes deficitários e superavitários; o mercado de capitais viabiliza o financiamento de grandes projetos e assim por diante.

Reconhecida sua importância, coloca-se a questão dos novos desafios criados com o surgimento de cada segmento do sistema financeiro. Quando o publicano emprestava o dinheiro dos impostos e sofria grande inadimplência, deixava de pagar ao Estado e podia ser condenado à prisão. Quando tempestades de grande porte afundavam quase todos os navios pesqueiros dos *vikings*, o pouco de pescado que restava, caso fosse dividido, resultaria na fome de toda uma aldeia. A morte do capitão de um navio podia ser forjada apenas para que sua família recebesse o "prêmio da aposta".

Nesse sentido, a evolução do mercado bancário, o coração do sistema financeiro até os nossos dias, é bastante ilustrativa das vantagens e das dificuldades de funcionamento do sistema financeiro, bem como da importância da regulação.

A evolução do mercado bancário

O termo "banco" deriva do italiano "banca", que tem o mesmo significado em português moderno, isto é, um "balcão" de negócios ao ar livre, nada muito diferente do que se vê nas feiras livres. Sua origem remonta ao final da Idade Média, quando algumas famílias

BREVE HISTÓRICO DA EVOLUÇÃO E DA REGULAÇÃO DO SISTEMA FINANCEIRO

mais ricas começaram a se especializar na atividade de financiar o comércio e a agricultura, adiantando recursos aos produtores ou mesmo se tornando sócias desses empreendimentos.

Muitas vezes, esses negócios eram feitos em praça pública nas cidades de Siena, Florença e Gênova, entre outras, onde esses primeiros financistas negociavam em bancas, como se fosse, de fato, uma feira livre moderna.

Em paralelo, as ordens militares que participaram das Cruzadas, como os templários e os hospitalários, também passaram a desempenhar atividades semelhantes aos bancos de hoje em dia. Era possível fazer um depósito em um dos quartéis dessas ordens no Oriente Médio e, mediante uma carta que funcionava como ordem de pagamento, realizar um saque do outro lado da Europa sem a necessidade de transportar os valores na forma de moedas metálicas. Essa ordem de pagamento é o ancestral dos cheques.

Em nossos dias, banco é definido como uma instituição financeira que recebe depósitos em dinheiro e oferece empréstimos. Essa definição é bastante adequada para os chamados bancos comerciais, cuja caracterização será feita em detalhes nos próximos capítulos.

Os ancestrais mais diretos dos bancos assim definidos remontam às cidades italianas do século XV. Naquela época, com a retomada do comércio de longa distância, criou-se a necessidade de estabelecer padrões internacionais de pagamento. Desse modo, as cidades italianas, enriquecidas pelo comércio, passaram a aceitar depósitos em moedas de ouro e prata em seus entrepostos comerciais espalhados pelo Mediterrâneo. Assim como já faziam as ordens militares cruzadas como os templários (Runciman, 2001), uma vez confirmados esses depósitos, havia a possibilidade de realizar saques em outras praças, sem a necessidade da transferência física das moedas metálicas.

Nesse primeiro estágio do desenvolvimento do sistema bancário, o termo "dinheiro" era sinônimo de moeda metálica, herança da

SISTEMA FINANCEIRO NACIONAL

Antiguidade. Mas já surgia uma inovação importante. Cada depositante de moedas metálicas nos bancos do Renascimento recebia, para sua garantia, um "bilhete" que descrevia claramente o valor depositado. Com o tempo, desde que o banco gozasse da confiança do público (em latim, *fidutia*), o próprio bilhete passava a circular como "moeda de papel", um substituto cômodo para a pesada e volumosa moeda metálica. Essa é a origem do termo "sistema fiduciário" que descreve até hoje o funcionamento, baseado em confiança, dos bancos comerciais. Devido a essa origem histórica, até hoje o papel-moeda é chamado de "bilhete" em diversas línguas, como espanhol (*billete*), francês (*billet*), inglês (*bill*) e italiano (*bigletto*). Estranhamente, o termo em português é "cédula", que deriva do latim *schedula*, que significa "escala", mas também tem o significado antigo de "pedaço de papel com conteúdo escrito".

O passo seguinte foi o surgimento das chamadas reservas fracionárias e do multiplicador dos depósitos. Rapidamente, os primeiros banqueiros notaram que a circulação da "moeda-papel" estava substituindo, ainda que parcialmente, a movimentação das moedas metálicas, que permaneciam depositadas nos bancos enquanto os "bilhetes" mudavam de mãos. O metal nos cofres bancários era o "lastro" da "moeda-papel", isto é, era a confiança de que havia, supostamente, o correspondente em ouro e prata depositado em algum lugar que dava "peso" (valor) aos bilhetes. Graças a essa ociosidade do lastro, os bancos passaram a emprestar parcelas importantes das moedas de ouro e prata, mantendo em seus cofres somente frações dos depósitos originais. Graças a isso, o volume de "moeda-papel" em circulação foi multiplicado. Como ainda acontece, os depositantes movimentam contabilmente suas contas bancárias, mas o real valor na reserva dos bancos é apenas uma fração dos saldos dessas contas. Isso é possível porque são incomuns os saques maciços, isto é, é raro que todos os correntistas saquem em espécie seus depósitos todos de uma só vez. Portanto, enquanto os depositantes confiarem no banco e fizerem apenas transações contábeis, seu dinheiro estará, na verdade, sendo emprestado múltiplas vezes.

No entanto, desde o advento das reservas fracionárias e do multiplicador bancário, surgiu o risco de liquidez. Bastava que houvesse uma desconfiança, uma quebra da *fidutia*, para que diversos correntistas quisessem sacar seus valores ao mesmo tempo, descobrindo que o banco não tinha lastro o suficiente para honrar esses saques. Ou seja, a evolução do sistema bancário criou um benefício – a expansão do crédito por meio da multiplicação das operações – e um novo desafio – administrar a liquidez bancária, evitando quebras. Por conta disso, foi necessário inovar uma vez mais.

O interbancário, o Tesouro Nacional e o Banco Central

O passo seguinte na evolução do mercado bancário foi o surgimento das operações interbancárias, cujo desenvolvimento ocorreu, sobretudo, entre os séculos XVI e XIX. Nos momentos em que um banco sofria uma corrida e muitos clientes solicitavam a troca de seus bilhetes por moedas de ouro ou prata antes que o lastro, isto é, as reservas em metal sonante se esgotassem, tinham lugar operações em larga escala entre bancos. Assim, um banco que ainda contava com a confiança do público emprestava lastro (moedas metálicas) para aquele que estava sofrendo a corrida. Como regra, quando os correntistas conseguiam reaver o que pareciam ser "suas moedas", era comum que a calma voltasse. Quando o banco que havia sofrido a corrida voltava a captar depósitos, pagava a seu credor e recomeçava o processo de multiplicação. Caso a confiança não voltasse, o banco de fato fechava suas portas e o banqueiro falia.

Note que, nessa fase, cada banco era capaz de emitir seus próprios bilhetes na medida em que recebesse depósitos. Os bilhetes

SISTEMA FINANCEIRO NACIONAL

(cédulas) eram apenas recibos de depósitos feitos em moeda metálica. Nessa época, portanto, não existia um emissor único do papel-moeda. Mas, em 1694, surgiu um banco cuja história teria grande impacto sobre a evolução do mercado bancário: o Banco da Inglaterra (BI). Sua criação se deve ao escocês William Paterson (1658-1719) e foi motivada pela oportunidade de realizar empréstimos para o governo do país, recém-saído de guerras civis e em conflito com a França. Para mais detalhes sobre a história do Banco da Inglaterra, veja o *site* da instituição (www.bankofengland.co.uk). Surgiu, aí, o conceito de dívida pública, e os títulos emitidos pela Coroa inglesa são os antecessores dos atuais títulos do Tesouro.

Poucos anos depois, o Banco da Inglaterra, uma instituição privada, tornou-se o monopolista da arrecadação de impostos em troca de novos empréstimos à Coroa. Isso conferiu ao banco um volume de operações muito maior do que o de seus concorrentes. Naturalmente, quando um banco sofria com uma corrida, buscava empréstimos interbancários junto ao Banco da Inglaterra. Essa posição de força permitiu ao BI impor aos demais bancos algumas normas que, sendo observadas, facilitariam as operações de socorro no interbancário. Já no início do século XIX, o Banco da Inglaterra havia consolidado diversas funções, muito além daquelas típicas dos bancos comerciais: era agente financeiro do Tesouro, banco dos bancos e normatizador do mercado bancário.

Observe como essa evolução, que ocorreu de forma natural e espontânea, foi transformando o BI em um típico Banco Central moderno. Mas ainda faltava um passo importante. Em pleno século XIX, ainda existiam na Inglaterra diversos "bilhetes", isto é, "cédulas" de meio circulante convivendo no mercado, cada qual emitida por um banco. Foi apenas nos anos de 1844 e 1845 que o Parlamento britânico aprovou o fim desse regime de "múltiplas moedas-papel", também chamado de *free-banking*, dando ao BI o monopólio da emissão das cédulas de libra esterlina (White, 1995).

24

BREVE HISTÓRICO DA EVOLUÇÃO E DA REGULAÇÃO DO SISTEMA FINANCEIRO

Estavam lançadas as bases históricas para a estrutura de regulação bancária que vigora até os dias de hoje. Afinal, depois de cerca de 150 anos de história, o Banco da Inglaterra era, a um só tempo, agente financeiro do Tesouro, banco dos bancos, regulador do sistema e emissor único da moeda nacional. Apesar disso, o BI permaneceu sendo uma instituição privada até 1945, quando foi estatizado ao final da II Guerra Mundial.

Ao longo de toda a sua história, o BI continuou a realizar empréstimos para o Tesouro, negociando os títulos públicos no mercado. À medida que esses títulos foram se tornando relevantes para a gestão da carteira de ativos dos demais bancos, o papel de agente financeiro do Tesouro passou a ser duplo. De um lado, o Banco da Inglaterra financiava os déficits públicos, emprestando dinheiro ao governo. E, de outro, contribuía duplamente com a gestão da liquidez no sistema, fosse por meio dos empréstimos interbancários, fosse pela compra e venda de títulos do Tesouro, o famoso *open market*.

Uma reflexão relevante: moeda, bancos, ações e regulação

As breves referências históricas feitas até aqui já nos permitem diversas reflexões. A maior delas se refere ao caráter evolutivo e dinâmico do sistema financeiro. Mas não é só isso.

Ainda hoje os bancos são o coração do sistema financeiro e seu surgimento deveu-se à ampliação e ao crescimento da complexidade das relações econômicas. Assim, cada inovação bancária sempre se caracteriza como uma resposta a um problema da vida prática de pessoas, empresas e governos.

Ao mesmo tempo, cada inovação surgida trouxe consigo novos desafios. Se os bancos do Renascimento se limitassem a guardar volumes de moeda metálica em troca de "bilhetes" e nunca tivessem emprestado parte do lastro, teriam deixado de alavancar o crédito, restringindo o crescimento da Europa em plena era das grandes navegações. As transações econômicas exigiram o surgimento dos bancos e estes potencializaram as transações econômicas, realimentando o processo. Por sua vez, a multiplicação monetária criou o risco das corridas. Mais uma vez, o próprio mercado encontrou a resposta com o advento das operações interbancárias, as quais evoluíram ainda mais com o surgimento de um grande banco dos bancos, o chamado "emprestador de última instância", ou seja, o banco central (Goodhart, 2010).

O surgimento natural dos bancos centrais, que passaram a centralizar a emissão do papel-moeda, deu origem ao que se pode chamar de "era da regulação bancária". Assim, na Inglaterra de meados do século XIX, ficou claro que a saudável concorrência entre os bancos não poderia prescindir de regras que fortalecessem a confiança no sistema, reduzindo os riscos de corridas e quebradeiras ou "bancarrotas", expressão que significa, literalmente, "quebra da banca".

Essa foi a grande razão que motivou a criação do Federal Reserve System (FED), o Banco Central dos EUA, em 1913. Desde a independência em 1776, diversas tentativas de criação de um banco central encontraram resistência por parte de inúmeros setores da sociedade norte-americana e um período de *free-banking* foi vivido entre 1836 e 1865, quando o monopólio da emissão de papel-moeda foi finalmente dado ao Tesouro. No entanto, depois de algumas crises bancárias severas, com destaque para a que ocorreu em 1907, o Congresso norte-americano reconheceu a necessidade de criar um emprestador de última instância. Depois de sua criação, o FED passou a assumir progressivamente os papéis típicos de um banco central à semelhança do BI.

Esse paradigma de uma autoridade regulatória forte e centralizada surgiu no mercado bancário, mas acabou por ser estendido aos demais segmentos do sistema financeiro, com destaque para o mercado acionário. Esse mercado também tem uma história vin-

BREVE HISTÓRICO DA EVOLUÇÃO E DA REGULAÇÃO DO SISTEMA FINANCEIRO

culada à expansão das atividades comerciais após o Renascimento e durante a era das grandes navegações. A primeira empresa de capital aberto com características modernas foi a Companhia das Índias Ocidentais, fundada na Holanda em 1602. Como no caso dos bancos, fracionar o capital de uma empresa e permitir que até mesmo pequenos investidores participassem do empreendimento também foi uma resposta à necessidade de buscar recursos para a expansão da atividade econômica. E, também como no caso dos bancos, vale a regra: as inovações trouxeram consigo novos elementos de risco, exigindo o avanço da regulação.

O mercado de ações mostrou-se de grande importância durante o século XIX, a grande era das ferrovias nos EUA. A criação de companhias de capital aberto foi fundamental para concentrar os recursos necessários para financiar aqueles grandes projetos. Desde então, ter ações em seu patrimônio pessoal passou a fazer parte do dia a dia dos norte-americanos. E, por conta da grande liquidez das ações, esse mercado sempre se caracterizou como um grande termômetro financeiro. Na história norte-americana, crises importantes, desde o início do século XIX até o advento do *subprime* em 2008, passando pela grande crise de 1929, foram sentidas antes de tudo no mercado de ações. Essa sensibilidade e a relevância no financiamento das grandes empresas fizeram do mercado acionário um elemento de grande atenção para os reguladores, em paralelo ao que ocorria com o mercado bancário e demais segmentos do mercado financeiro.

O caso brasileiro: de d. João ao regime de metas para a inflação

As origens remotas do Sistema Financeiro Brasileiro nos levam à criação do primeiro Banco do Brasil por d. João, príncipe regente, em 1808. Essa foi nossa primeira instituição financeira. Tentativas de ampliar o mercado de ações foram realizadas durante a República, sendo a mais famosa e a mais malsucedida a de Rui Barbosa durante seu período como ministro da Fazenda de Deodoro da Fonseca, o chamado "Encilhamento". Outro marco importante ocorreu em 1920, com a criação da Inspetoria Geral dos Bancos, com o objetivo de fiscalizar a atividade bancária que havia se expandido rapidamente durante o ciclo do café (Barcellos e Azevedo, 2011).

Após a II Guerra Mundial, foram criados a Superintendência da Moeda e do Crédito (Sumoc) em 1945, com funções de supervisão e regulação do sistema financeiro, e o Banco de Desenvolvimento Econômico e Social (BNDES) em 1952, o grande banco de fomento do país até hoje. Mas o Brasil ainda não possuía um Banco Central, e a emissão monetária estava a cargo do Tesouro Nacional. A emissão de moeda para cobrir os déficits públicos foi associada à crescente inflação do período, cujo auge se deu em 1964. Após o golpe militar daquele ano, o Sistema Financeiro Nacional passou por uma profunda reforma.

O quadro 1 sintetiza de forma cronologicamente organizada os principais marcos legais da evolução do sistema financeiro brasileiro.

O principal elemento transformador foi a Lei nº 4.595, de dezembro de 1964, chamada, à época, de "Lei da Reforma Bancária". Essa lei criou oficialmente o Banco Central, dotando esse órgão das funções clássicas, incluindo a supervisão bancária, antes a cargo da Sumoc, que foi extinta. Também criou o Conselho Monetário Nacional (CMN), até hoje o órgão máximo de regulamentação do sistema financeiro. A Lei nº 4.595 também adotou um modelo compartimentado, no qual os diversos "produtos" do mercado financeiro ficariam a cargo de instituições específicas. Os bancos comerciais tinham como instrumento típico de captação as contas--correntes e os depósitos a prazo. Já as cadernetas de poupança estavam restritas às caixas econômicas, assim como as operações de crédito ao consumidor ficavam por conta das "financeiras" ou sociedades de crédito e financiamento.

Quadro 1
Principais marcos legais da evolução do Sistema Financeiro Nacional

1952	Lei nº 1.628 – criou o Banco Nacional de Desenvolvimento Econômico e Social (BNDES).
1964	Lei nº 4.380 – criou o Banco Nacional da Habitação.
	Lei nº 4.595 – criou o Banco Central e o Conselho Monetário Nacional.
1965	Lei nº 4.728 – regulamentou o mercado de capitais.
1966	Decreto-Lei nº 73 – criou o Conselho Nacional de Seguros Privados (CNSP).
1976	Lei nº 6.305 – criou a Comissão de Valores Mobiliários (CVM).
	Lei nº 6.385 – disciplinou as sociedades por ações.
1979	Iniciativa do Banco Central – criou o Sistema Especial de Liquidação e Custódia (Selic).
1988	Resolução CMN nº 1.524 – criou os bancos múltiplos.
1995	Resolução CMN nº 2.208 – criou o Programa de Estímulo à Reestrutura e Fortalecimento do SFN (Proer).
1996	Iniciativa do Banco Central – constituiu o Comitê de Política Monetária (Copom).
1997	Lei nº 9.457 – reformulou a Lei das Sociedades por Ações.
1999	Iniciativa do Banco Central – formalizou a adoção do regime de metas para a inflação.
2009	Lei nº 12.154 – criou a Superintendência Nacional de Previdência Complementar (Previc).
2010	Decreto nº 7.123 – criou o Conselho Nacional de Previdência Complementar (CNPC).

Esse modelo evoluiu nos anos seguintes com a criação do Banco Nacional da Habitação (BNH) também em 1964 e da Comissão de Valores Mobiliários (CVM) em 1976. Dias após a criação da CVM por força da Lei nº 6.385, foi promulgada a Lei das Sociedades Anônimas ou Lei das Sociedades por Ações (Lei nº 6.404), ambas elementos decisivos para regular o mercado de valores mobiliários no país. Por sua vez, o BNH, extinto em 1986, foi o coração do Sistema Financeiro da Habitação, um subsistema de grande relevância dentro do Sistema Financeiro Nacional até nossos dias e que, hoje, tem na Caixa Econômica Federal seu principal agente.

No mercado de seguros, foi criado em 1966, por meio do Decreto-Lei nº 73, o Conselho Nacional de Seguros Privados (CNSP). A principal atribuição do CNSP quando de sua criação foi fixar as normas do mercado de seguros privados e capitalização. Essas atribuições foram estendidas à previdência privada (entidades abertas) em 1977 (Lei nº 6.435).

No momento da promulgação da Constituição de 1988, os diversos segmentos do mercado financeiro brasileiro haviam evoluído muito. E, como dita a regra, inovações foram introduzidas no sentido de avançar em resposta às demandas da atividade econômica como um todo. O principal elemento de novidade nessa época foi o surgimento dos bancos múltiplos, isto é, instituições bancárias que realizavam operações variadas, desde a tradicional captação por meio de depósitos à vista e a prazo até a subscrição de ações (*underwriting*), passando pelo crédito direto ao consumidor e pelas cadernetas de poupança.

A figura do banco múltiplo, criada no Brasil pela Resolução nº 1.524/1988 do Banco Central, após decisão do Conselho Monetário Nacional, colocou fim ao modelo compartimentado, instituído pela Lei nº 4.595/1964. Atualmente, a definição de banco múltiplo está expressa na Resolução nº 2.099/1994 do CMN. De acordo com essa norma, os bancos múltiplos podem captar a partir de operações com as seguintes carteiras: comercial, de investimento e/ou de desenvolvimento, de crédito imobiliário, de arrendamento mercantil (*leasing*) e de crédito, financiamento e investimento. A carteira de desenvolvimento somente poderá ser operada por banco público. O banco múltiplo deve ser constituído com, no mínimo, duas carteiras, sendo uma delas, obrigatoriamente, comercial ou de investimento, e ser organizado na forma de sociedade anônima, o que também submete os bancos a diversas das normas da Lei das Sociedades por Ações.

Outro marco histórico importante ocorreu em 1995, quando foi criado o Programa de Estímulo à Reestruturação do Sistema

BREVE HISTÓRICO DA EVOLUÇÃO E DA REGULAÇÃO DO SISTEMA FINANCEIRO

Financeiro Nacional (Proer). Esse programa permitiu que inúmeros bancos que não se adaptaram à forte baixa da inflação fossem comprados por outras instituições mais sólidas, reduzindo a ameaça de corridas e quebras, em prejuízo dos clientes.

E, em 20 de junho de 1996, foi criado o Comitê da Política Monetária (Copom), órgão colegiado inspirado no Federal Open Market Committee (FOMC) do FED, responsável pela fixação de alvos para as taxas de juros de curto prazo dos títulos públicos federais norte-americanos. O Copom, na verdade, é o nome da reunião periódica da diretoria do Banco Central com vistas à definição da meta da taxa Selic, referência para a remuneração dos títulos públicos e, portanto, das operações no mercado aberto. Tornou-se um elemento de maior destaque a partir de 1999, quando o Banco Central do Brasil adotou, pela primeira vez, o regime de metas para a inflação. O site oficial do Banco Central do Brasil (www.bcb.gov. br) dispõe de amplo material sobre o regime de metas.

Inovações incrementais também ocorreram nesse período, no mercado acionário. Aprimoramentos importantes foram introduzidos na Lei das Sociedades por Ações em 1997 (Lei nº 9.457) e em 2001 (Lei nº 10.303). Por fim, inovações de caráter contábil e tributário foram introduzidas pela Lei nº 11.638/2007.

No mercado de previdência, a Superintendência Nacional de Previdência Complementar (Previc) foi criada em 2009 pela Lei nº 12.154, tendo sido constituída como uma autarquia responsável pela fiscalização e supervisão das entidades privadas de previdência complementar. Acima da Previc, atuando como órgão normatizador, está o Conselho Nacional de Previdência Complementar (CNPC), criado em 2010 pelo Decreto nº 7.123 em substituição ao antigo Conselho de Gestão da Previdência Complementar, criado pelo Decreto nº 4.678/2003.

A partir dessa trajetória, o Sistema Financeiro Nacional de nosso país tem atualmente a estrutura apresentada no quadro 2.

SISTEMA FINANCEIRO NACIONAL

Quadro 2
Estrutura do Sistema Financeiro Nacional brasileiro

		Moeda, crédito, capitais e câmbio			Seguros privados	Previdência fechada
Órgãos normativos		CMN – Conselho Monetário Nacional			CNSP – Conselho Nacional de Seguros Privados	CNPC – Conselho Nacional de Previdência Complementar
Supervisores		BCB – Banco Central do Brasil	CVM – Comissão de Valores Mobiliários		Susep – Superintendência de Seguros Privados	Previc – Superintendência Nacional de Previdência Complementar
Operadores		Bancos e caixas econômicas	Administradoras de consórcios	Bolsa de valores	Seguradoras e resseguradoras	Entidades fechadas de previdência complementar (fundos de pensão)
		Sociedades de crédito, financiamento e investimento ("financeiras")	Corretoras e distribuidoras*	Bolsa de mercadorias e futuros	Entidades abertas de previdência	
		Cooperativas de crédito Instituições de pagamento**	Demais instituições não bancárias		Sociedades de capitalização	

* A depender das atividades que realizam, também estão sujeitas à supervisão da CVM.
** As instituições de pagamento não compõem o SFN, mas são reguladas e fiscalizadas pelo BCB, conforme diretrizes estabelecidas pelo CMN.

Em temos matriciais, o quadro 2 mostra os três grandes blocos do sistema (primeira linha) e também seus três grandes níveis (órgãos normativos, supervisores e operadores – primeira linha). A discussão feita nos capítulos seguintes visa aprofundar cada um desses segmentos.

A dimensão do sistema financeiro brasileiro atual

Diversos indicadores permitem avaliar a dimensão do sistema financeiro de um país. Um dos mais importantes é a relação entre o volume total de crédito ao setor privado e o PIB. Segundo dados do Banco Mundial, o volume de crédito oferecido pelo sistema financeiro ao setor privado (famílias e empresas) chega perto de

200% do PIB em países com EUA, Japão e Suíça, mas é inferior a 30% do PIB no Uruguai, Argentina e Tanzânia, entre outros países (ver gráfico da figura 1).

Figura 1
Razão crédito total ao setor privado/PIB
para países selecionados (2014)

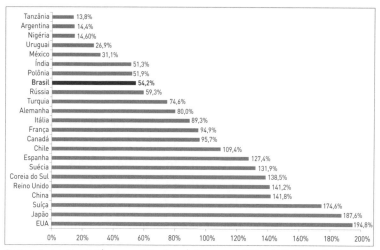

Fontes: Banco Mundial (www.worldbank.org). Acesso em: 17 fev. 2016. Banco Central do Brasil (www.bcb.gov.br). Acesso em: 17 fev. 2016.
O dado para o Brasil refere-se a 2015.

No Brasil, esse indicador encontra-se em um nível intermediário (cerca de 54% do PIB), à frente de outras economias emergentes, como México, Índia e Polônia.

Em dezembro de 2015, o volume total de crédito concedido ao setor privado no Brasil (estoque) era da ordem de R$ 3,2 trilhões, o equivalente a 54,2% do PIB. Destes, R$ 1,7 trilhão (ou 28,8% do PIB) eram concessões a empresas e R$ 1,5 trilhão (25,4% do PIB) a pessoas físicas. Por outra ótica, do estoque de operações de crédito (R$ 3,2 trilhões), R$ 1,63 trilhão (27,5% do PIB) referiam-se a operações com recursos livres e R$ 1,59 trilhão (26,5% do PIB) a operações direcionadas, como crédito habitacional ou financiamento agrícola. O quadro 3 resume e detalha essa distribuição de valores.

Quadro 3
Composição da oferta e crédito no Brasil (2015)

Crédito total (estoque): R$ 3,2 trilhões			
Recursos livres: R$ 1,63 trilhão		Recursos direcionados: R$ 1,59 trilhão	
Pessoa física: R$ 803 bilhões	Pessoa jurídica: R$ 832 bilhões	Pessoa física: R$ 875 bilhões	Pessoa jurídica: R$ 706 bilhões

Fonte: Banco Central do Brasil. Disponível em: <www.bcb.gov.br>. Acesso em: 15 fev. 2016.

Vale considerar com atenção a composição de cada uma das quatro modalidades cujos valores são apresentados no quadro 3.

No que se refere aos recursos livres emprestados às pessoas físicas, a maior concentração, em dezembro de 2015, referia-se ao crédito pessoal consignado, modalidade que respondia por R$ 273,7 bilhões do saldo total de operações naquele mês, sendo R$ 168,9 bilhões referentes a operações com servidores públicos e R$ 85,9 bilhões com beneficiários do INSS. A segunda maior participação nesse segmento do mercado de crédito às pessoas físicas referia-se ao financiamento para a aquisição de veículos, com saldo de R$ 160,7 bilhões naquele mês.

Entre os recursos livres concedidos a empresas, destaca-se amplamente o capital de giro em seus diversos prazos. Dos R$ 832 bilhões de saldo dessas operações em dezembro de 2015, nada menos do que R$ 378,7 bilhões referiam-se a essas operações. As modalidades seguintes, ordenadas segundo a dimensão do saldo naquela data, são os financiamentos às exportações (R$ 68,4 bilhões) e os adiantamentos de contratos de câmbio (R$ 67,2 bilhões).

No segmento de recursos direcionados, pessoa física, a maior participação nos saldos de dezembro de 2015 era das operações com financiamentos imobiliários, cerca de R$ 500 bilhões, seguido do crédito rural, R$ 153,2 bilhões.

Por fim, no segmento de recursos direcionados, pessoas jurídicas, registrou-se, como esperado, forte concentração nas operações do BNDES. Sozinhas, estas responderam por 72% dos saldos nesse segmento em dezembro de 2015, o equivalente a R$ 633,4 bilhões, dos quais R$ 606,2 correspondiam a operações para o financiamento do investimento produtivo das empresas.

Além dos montantes, vale colocar em contraste as taxas de juros e os *spreads* médios das operações de concessão de crédito. Os quadros 4 e 5 resumem esses números.

Quadro 4
Taxas de juros médias no Brasil segundo modalidade de crédito (2015 – % ao ano)

Crédito total: 29,8%			
Recursos livres: 47,3%		Recursos direcionados: 9,9%	
Pessoa física: 63,7%	Pessoa jurídica: 30,0%	Pessoa física: 9,7%	Pessoa jurídica: 10,1%

Fonte: Banco Central do Brasil. Disponível em: <www.bcb.gov.br>. Acesso em: 15 fev. 2016

Quadro 5
Spreads médios no Brasil segundo modalidade de crédito (2015 – p.p. ao ano)

Crédito total: 18,7 p.p.			
Recursos livres: 32,1 p.p.		Recursos direcionados: 3,4 p.p.	
Pessoa física: 48,0 p.p.	Pessoa jurídica: 15,3 p.p.	Pessoa física: 3,2 p.p.	Pessoa jurídica: 3,5 p.p.

Fonte: Banco Central do Brasil. Disponível em: <www.bcb.gov.br>. Acesso em: 15 fev. 2016.

SISTEMA FINANCEIRO NACIONAL

É possível notar que o crédito às pessoas físicas com recursos livres é, de longe, o mais caro em termos de taxas de juros, tendo ainda os maiores níveis de *spread*. Vale lembrar que o *spread* é definido como a diferença, em pontos percentuais, entre as taxas médias de concessão de crédito e de captação de recursos.

Os juros médios dessas operações são maiores devido à grande importância do crédito consignado, cuja taxa média de juros em 2015 era inferior a 30%, muito abaixo da média geral das operações com recursos livres e ainda menor do que a média das operações com esses mesmos recursos direcionadas ao setor privado.

Outro número de interesse, dessa vez relacionado ao mercado de capitais, refere-se ao valor anual das negociações com ações em relação ao PIB. No Brasil, sempre segundo o Banco Mundial, esse indicador foi de 27,6% em 2014. Esse também é um nível intermediário, ou seja, bem inferior ao observado nos EUA (quase 240%), mas superior ao registrado em importantes economias emergentes e até mesmo desenvolvidas, como Colômbia (5,5%), Rússia (8,6%), México (11%) e Israel (15,5%). E, quando se considera que o PIB brasileiro está entre os 10 maiores do mundo, compreende-se a relevância do nosso mercado de ações em nível internacional, conforme pode ser observado no gráfico da figura 2.

Apesar disso, no Brasil, o índice de capitalização de mercado não é elevado. Esse índice é definido como o valor das ações das empresas de capital aberto em mercado como percentual do PIB. Tal como construído, esse índice permite avaliar a importância do mercado de ações como mecanismo de capitalização das empresas de um país.

Segundo o Banco Mundial, esse indicador era de 36% em 2014. No mesmo ano, esse índice era de 151,2 nos EUA e 106,5 no Reino Unido. Em países próximos, da América do Sul, esse índice é ainda menor do que no Brasil: 11,2% na Argentina e 38,8% na Colômbia. Mas diversos países emergentes superam o Brasil, como Chile (90,4%), China (58%), Índia (76,1%) e Peru (38,9%).

BREVE HISTÓRICO DA EVOLUÇÃO E DA REGULAÇÃO DO SISTEMA FINANCEIRO

Figura 2
Razão valor das ações negociadas em bolsa/PIB
para países selecionados (2014)

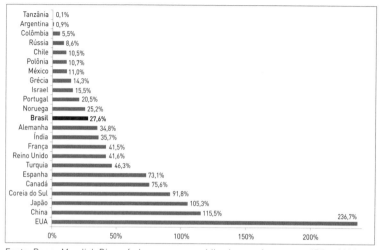

Fonte: Banco Mundial. Disponível em: <www.worldbank.org>. Acesso em: 17 fev. 2016.

Em resumo

Ao final desse capítulo, o leitor pode estar se perguntando: "Mas, então, se o sistema financeiro está em contínua evolução, dentro de alguns anos tudo estará diferente?" A resposta é um claro "sim". E muitas dessas mudanças já estão acontecendo.

Portanto, quando se trata de estudar o sistema financeiro, os livros se parecem muito mais com fotografias do que com mapas do tesouro. No exato momento em que fotografamos uma pessoa ou um lugar, sobretudo nas grandes cidades, capturamos uma imagem de algo que já estará mudando no momento seguinte.

É claro que essas mudanças são incrementais. A extinção do BNH e sua substituição pela Caixa, a reforma da Lei das S.A. ou a adoção do regime de metas para a inflação não se deram no

SISTEMA FINANCEIRO NACIONAL

vazio nem modificaram toda a estrutura do sistema do dia para a noite. Mas, como as instituições financeiras são, talvez, o tipo mais dinâmico de organização nas economias de mercado, sua mudança é uma constante.

No próximo capítulo vamos começar a explorar, um a um, os grandes segmentos do sistema financeiro, apontando suas características mais importantes e seus instrumentos de operação, ativos e passivos, tal como eles se encontram na atualidade.

2
O mercado bancário e as "financeiras"

Os bancos são as mais tradicionais instituições do sistema financeiro. Além dos aspectos históricos, apresentados e discutidos no capítulo anterior, essas instituições concentram hoje a maior parte das relações financeiras levadas a cabo por pessoas, empresas e governos. Isso se deve, em boa medida, à multiplicidade de produtos e serviços oferecida pelos bancos, como também à imensa capilaridade das redes de agências. Hoje, o cliente de um banco pode, com uma única conversa com seu gerente, tratar de assuntos tão variados como pagar contas, aplicar em fundos ou ingressar em um plano de previdência. Em outras palavras, os bancos se tornaram autênticas "lojas de varejo" de produtos financeiros.

Ainda assim, é preciso saber identificar, distinguir e compreender as atividades típicas de bancos e financeiras, desfazendo a impressão comum de que todos os produtos oferecidos dentro de uma agência são, de fato, produtos bancários.

Nesse sentido, a função básica dos bancos comerciais e das chamadas "financeiras" é a de operar como instituições que intermediam o empréstimo de recursos de agentes superavitários, isto é, com excesso de recursos, para agentes deficitários, aqueles com carência de recursos. Dessa maneira, cobram juros dos deficitários e pagam juros aos superavitários, ficando com um ganho denominado *spread*.

SISTEMA FINANCEIRO NACIONAL

Ao final deste capítulo, esperamos que você, leitor, tenha ampliado seu conhecimento sobre a atividade bancária e das financeiras, compreendendo o papel que essas instituições desempenham hoje no sistema financeiro nacional e desfazendo alguns mal-entendidos típicos, relacionados ao tema.

Bancos comerciais

Se os bancos são a instituição financeira mais típica, os chamados "bancos comerciais" são os bancos mais típicos dentro de sua própria categoria. O *site* do Banco Central define que:

> Os bancos comerciais são instituições privadas ou públicas que têm como objetivo principal proporcionar suprimento de recursos necessários para financiar, a curto e a médio prazos, o comércio, a indústria, as empresas prestadoras de serviços, as pessoas físicas e terceiros em geral. A captação de depósitos à vista, livremente movimentáveis, é atividade típica do banco comercial, o qual pode também captar depósitos a prazo. Deve ser constituído sob a forma de sociedade anônima e na sua denominação social deve constar a expressão "Banco" [Banco Central do Brasil, 1994].

Os bancos comerciais têm sua origem nos chamados banqueiros, já conhecidos na Grécia antiga e no Império Romano, cuja função principal, na época, como já mencionado, era de troca de moedas estrangeiras. Essas funções também eram encontradas na China e no Oriente Médio. Empréstimos já eram feitos com base nesses depósitos de moedas. Durante a Idade Média, houve uma queda substancial dessa atividade de empréstimos devido a questões religiosas referentes à usura (Corazza, 2000:102).

O MERCADO BANCÁRIO E AS "FINANCEIRAS"

Alguns autores, como Galbraith, atribuem aos italianos a criação daquilo que mais se aproxima do que hoje é conhecido como bancos comerciais. "As casas bancárias de Veneza e Gênova são as precursoras reconhecidas dos bancos comerciais modernos regulares" (Galbraith, 1983 apud Corazza, 2000:102). Em um primeiro momento, os bancos representaram apenas casas seguras onde os recursos poderiam estar protegidos, passando, em um momento seguinte, a ter o poder de conceder empréstimos com base nesses depósitos, o que veio a consolidar uma das principais funções dos bancos comerciais.

Em um terceiro estágio, surgem as figuras dos depósitos interbancários, permitindo que recursos adicionais fossem obtidos do próprio sistema bancário. Um quarto estágio do desenvolvimento dos bancos comerciais seria a criação do conceito de Banco Central como um banco por excelência. Ainda haveria um quinto estágio, quando os bancos passaram a administrar seus passivos de uma forma mais técnica e prática (Corazza, 2000).

As décadas de 1970 e 1980 trouxeram imensas transformações para os bancos comerciais por meio de um grande processo de desregulamentação. As principais características dessa desregulamentação foram as eliminações das necessidades de cartas-patentes, liberação das taxas de juros e de restrições de ordem geográfica relativas à atuação. Juntamente com esse processo, surgiu a concorrência de grandes empresas que passaram a dispensar empréstimos bancários, substituindo-os por emissão própria de seus títulos. Essa desregulação, adicionada a uma nova concorrência, afetando os bancos comerciais, tornou os menores bancos sujeitos a um aumento substancial do risco, o que viria a desaguar em uma série de crises bancárias, principalmente atingindo os bancos norte-americanos a partir da década de 1970. Dessa forma, muitos autores vêm discutindo se a tendência dos bancos comerciais não seria de

SISTEMA FINANCEIRO NACIONAL

desaparecer, uma vez que suas funções podem ser substituídas por outras instituições (Corazza, 2000).

A operação mais conhecida de um banco comercial é a abertura de uma conta-corrente para que pessoas físicas e jurídicas possam fazer depósitos à vista. Essas pessoas passam, então, a ter um talão de cheques para movimentação desses valores depositados.

A característica definidora de um banco comercial é sua dupla função: receber depósitos à vista e conceder empréstimos. Nesse sentido, uma financeira não é um banco, porque, embora faça empréstimos, não aceita depósitos à vista, e um fundo mútuo também não é um banco, porque, apesar de receber depósitos não faz empréstimos [Corazza, 2000:106].

Cabe aqui uma distinção entre o que seja um depósito à vista e um depósito a prazo. Um depósito à vista significa que o cliente pode sacar aquele valor depositado a qualquer momento, ou seja, o banco tem a obrigação de disponibilizar aquele valor no momento em que o cliente requisitar. Já um depósito a prazo apenas obriga ao banco disponibilizar o valor para o cliente somente a partir do vencimento do prazo do depósito. Mas as operações de bancos comerciais vão muito além. A seguir, comentamos as principais.

Um comerciante que possua um título que dá direito a receber determinada quantia, pode descontar esse título em um banco comercial recebendo antecipadamente o valor esperado, menos um desconto desse valor, que fica com o banco comercial a título de remuneração pelo empréstimo. Qualquer pessoa, física ou jurídica, pode solicitar um empréstimo simples de recursos que serão depositados em sua conta-corrente, mediante contrato de pagamento de juros.

Outras operações afeitas pelos bancos comerciais referem-se a créditos ao setor rural em condições especiais, ou relativas ao comércio exterior, operações de câmbio com compra e venda de moedas estrangeiras. Além dos depósitos à vista, os bancos comerciais podem fazer captação de depósitos a prazo fixo.

Os bancos comerciais também podem obter recursos junto às instituições oficiais do governo para repasse a seus clientes, bem como emitir cheques especiais que dão direito ao titular de sacar valores além de seus depósitos, até certo limite, sem qualquer burocracia para concessão desse tipo de empréstimo.

Em paralelo a essas principais funções, os bancos comerciais prestam um grande número de serviços, como o de transferência de recursos de uma praça para outra; cobrança de valores em nome de seus clientes; recebimento de impostos e tarifas públicas; aluguel de cofres para depósito de bens e valores; custódia de valores.

Uma das características principais do banco comercial é a criação de moeda escritural por meio do efeito multiplicador do crédito. Imagine que um determinado cliente deposite um valor de R$ 10.000 em sua conta bancária. Ele recebe imediatamente um talão de cheques que lhe dá o direito de emitir cheques até aquele valor. Mas, como na maioria dos casos não há logo o saque desse valor total depositado, pode o banco utilizar esses recursos para fazer um empréstimo a outro cliente que, por sua vez, também recebe um talão de cheques que o autoriza a sacar até o valor determinado do empréstimo concedido, e assim sucessivamente. Dessa forma, os mesmos recursos depositados na conta do primeiro cliente são multiplicados, tornando-se meios de pagamento na economia.

Dessa forma, o banco comercial desempenha um importante papel na criação de meios de pagamento que, por sua vez, precisam ter o volume controlado pelo Banco Central, que representa a principal autoridade reguladora da atuação dos bancos comerciais e também a principal autoridade de socorro destes últimos quando passam por dificuldades.

Assim, se especularmos quanto ao futuro dos bancos comerciais, veremos que, apesar do aumento da concorrência, eles devem sobreviver com alterações de suas funções mais no sentido de expansão. Cada vez mais tendem a diversificar os serviços prestados a seus clientes, com um novo papel de administração de portfólios de clientes, com a preocupação de poder oferecer mais rentabilidade com menor risco.

Portanto, quanto ao futuro dos bancos comerciais, acredita-se que estão longe da extinção: "Os bancos comerciais, pela sua natureza e suas funções específicas, podem estar passando por profundas transformações, mas não vão desaparecer. Eles são especiais" (Corazza, 2000:16).

Reforça essa impressão de longevidade a contínua preocupação com a regulamentação das atividades geradoras de risco levadas a efeito pelos bancos comerciais. Na Basileia, cidade suíça, fica sediado o comitê internacional dedicado à regulação bancária e ao estudo do chamado risco sistêmico, isto é, o risco em que operações malsucedidas de uma instituição bancária acabem por contaminar e fragilizar todo o sistema bancário e financeiro. O quadro 6 sintetiza as três fases dos chamados "Acordos da Basileia", isto é, das recomendações e protocolos emitidos pelo comitê com vistas à regulação bancária e à minimização do risco sistêmico.

Quadro 6
Acordos da Basileia I, II e III: normas para a regulação do risco sistêmico

As recentes, e anteriores, crises mundiais mostraram que o risco de crédito pode colocar em situação delicada todo esforço internacional de desenvolvimento da economia. Assim, a regulação do sistema financeiro se justifica pela possibilidade do chamado "risco sistêmico".

Dessa maneira, em 1988, mais de 100 países se reuniram na cidade suíça da Basileia e firmaram um primeiro acordo, posteriormente ratificado, que teve a iniciativa do Comitê da Basileia. O objetivo desse acordo foi o estabelecimento de exigências mínimas de capital, a serem respeitadas pelos bancos comerciais, para reduzir a níveis aceitáveis o risco de crédito. Depois do primeiro acordo, denominado de Basileia I, sucederam-se mais dois acordos: Basileia II e Basileia III.

O MERCADO BANCÁRIO E AS "FINANCEIRAS"

Anteriormente ao acordo da Basileia I, com base em legislação datada de 1935, os bancos apenas podiam emprestar 12 vezes o correspondente à soma do capital social adicionado às reservas. Dessa forma, a limitação estabelecida era focada em índices de alavancagem dos bancos. Porém não houve preocupação com um reajuste, do capital e das reservas, que considerasse a inflação. Isso provocou um estrangulamento no volume de recursos permitidos para empréstimos em termos de poder de compra.

O acordo da Basileia I veio modificar as metodologias de restrições ao crédito focando os novos limites do ponto de vista do risco de as instituições terem, no futuro, perdas econômicas. O acordo também revia as metodologias de mensuração dos riscos de crédito e dos percentuais mínimos de capitais e reservas. No entanto, como o tempo veio a demonstrar, isso não evitou uma nova onda de falências de instituições financeiras na década de 1990. Esses acordos foram, então, revistos dando origem aos acordos da Basileia II e, posteriormente, Basileia III.

O acordo Basileia II estabeleceu três pilares referentes a:

- capital
- supervisão; e
- transparência e disciplina de mercado para divulgação de dados.

Além disso, estabeleceu 29 princípios básicos referentes à contabilidade das instituições bancárias e sua supervisão.

Em 16 de dezembro de 2010, foram publicadas novas propostas de regulamentação bancária que faziam alterações nos acordos anteriores e foram promovidas pelo Fórum de Estabilidade Financeira (Financial Stability Board) e pelo G20, motivadas pela crise dos *subprimes* iniciada nos Estados Unidos. Esse conjunto veio a ser conhecido como Basileia III. Mormente, referiu-se a uma revisão do Basileia II e foi desenvolvido ao longo do ano de 2009 para entrar em vigor a partir de 31 de dezembro de 2010.

Caixas Econômicas

A definição do Banco Central do Brasil, relativa à Caixa Econômica Federal, pode ser encontrada em seu sítio na internet:

A Caixa Econômica Federal, criada em 1861, está regulada pelo Decreto-Lei 759, de 12 de agosto de 1969, como empresa pública vinculada ao Ministério da Fazenda. Trata-se de instituição assemelhada aos bancos comerciais, podendo captar depósitos à vista, realizar operações ativas e efetuar prestação de serviços. Uma característica distintiva da Caixa é que ela prioriza a concessão de empréstimos e financiamentos a programas e projetos nas áreas de assistência social, saúde, educação, trabalho, transportes urbanos e esporte. Pode operar com crédito direto ao consumidor, financiando bens de consumo duráveis, emprestar sob garantia de penhor industrial e caução de títulos, bem como tem o monopólio do penhor sobre bens pessoais e sob consignação e tem o monopólio da venda de bilhetes de loteria federal. Além de centralizar o recolhimento e posterior aplicação de todos os recursos oriundos do Fundo de Garantia de Tempo de Serviço (FGTS), integra o Sistema Brasileiro de Poupança e Empréstimo (SBPE) e o Sistema Financeiro da Habitação (SFH). Importante notar que atualmente não há no Brasil nenhuma Caixa Econômica Estadual [Banco Central do Brasil, s.d.].

A Caixa Econômica Federal surgiu da fusão de duas instituições públicas da época do Império: a Casa de Penhor Monte de Socorro da Corte e a Caixa Econômica da Corte. Foi durante o reinado de d. Pedro II que pessoas de módicas posses utilizavam essas instituições para levantamento de pequenas quantias e depósitos de pequenas poupanças. Durante 130 anos, a Caixa Econômica Federal foi um sinônimo de segurança, até o confisco dos ativos financeiros promovido pelo presidente Fernando Collor de Mello em 1990. Em 12 de janeiro de 1861, d. Pedro II assinou o Decreto nº 2.723, que criava simultaneamente uma Caixa Econômica e um Monte de Socorro, com os objetivos de estimular o hábito de poupar e permitir a concessão de empréstimos. Já na época, a Corte se preocupava com o que parecia ser uma população imprevidente e perdulária (Santos, 2011).

Na verdade, as primeiras instituições do gênero apareceram 31 anos antes, em 1830, nos estados de Pernambuco, Alagoas, Rio de Janeiro e Minas Gerais. Mas somente a de Outro Preto (MG) conseguiu sobreviver por mais tempo. Os principais fatores que determinaram o fracasso dessas primeiras versões foram: falta de apoio do Primeiro Império, com d. Pedro I; constantes crises financeiras; um modo operacional incompatível com as necessidades das classes menos favorecidas, às quais, teoricamente, as Caixas deveriam se destinar. Com a criação da Caixa Econômica e do Monte de Socorro, d. Pedro II procurou atender à necessidade de financiar as classes mais pobres e, principalmente, a diversos escravos que já vinham sendo libertos em função de uma grande campanha pelo término da escravidão, que viria a ser determinada somente 27 anos depois, mas que já vinha sendo esperada pela maioria da população (Santos, 2011).

É provável que d. Pedro II tenha trazido essa ideia de suas viagens pelo mundo, que o tornaram um homem com visão além do seu tempo. Na Europa, as populações carentes que não tinham acesso aos bancos já podiam desfrutar do auxílio para empréstimos de instituições denominadas Montes de Piedade. Nessas instituições, os empréstimos eram feitos com garantia de objetos e com taxas de juros e prazos aceitáveis pela maioria da população (Santos, 2011).

Assim, d. Pedro II assinou, em 18 de abril de 1874, o Decreto nº 5.594, autorizando que todas as províncias do Império viessem a ter suas caixas econômicas e montes de socorro. A primeira foi constituída em São Paulo, no endereço da Praça da Sé, nº 235. É curioso notar que uma das grandes utilidades das caixas econômicas era destinada à poupança de escravos, que juntavam dinheiro para poder comprar suas cartas de alforria (Santos, 2011).

É importante ressaltar que, antes do surgimento da Caixa Econômica Federal, havia no Brasil imperial centenas de casas de penhora conhecidas popularmente como "Casas de Prego". O nome tem origem no costume de seus proprietários de colocar as

SISTEMA FINANCEIRO NACIONAL

peças empenhadas dependuradas num prego, que ficava à vista dos interessados em adquiri-las, caso seus verdadeiros proprietários não pudessem reavê-las. Daí vem a expressão "pôr no prego". Os métodos de persuasão adotados pelos comerciantes das Casas de Prego não eram os mais sentimentais; na verdade, eram pautados na agiotagem, apropriando-se dos parcos recursos das famílias menos abastadas e cobrando juros exorbitantes, sob a ameaça de leilão de objetos muitas vezes dotados de valor econômico, outras de valor econômico e sentimental [Santos, 2011:172].

A importância de uma instituição que pudesse dar apoio financeiro à população carente foi fundamental como razão para a criação da Caixa Econômica, bastando notar que na capital, Rio de Janeiro, no Segundo Reinado, havia uma população de 97 mil pessoas, sendo 40 mil escravos. Ou seja, quase metade da população era escrava e, na outra metade, ainda havia os extremamente necessitados (Schwarcz, 2007 apud Santos, 2011).

A despeito de sua importância como captadora de *funding* para a habitação, a operação das caixas econômicas enquanto intermediárias de recursos de longo prazo voltados para financiar projetos de investimento, é limitada. Daí a importância dos chamados bancos de investimento.

Bancos de investimento

Os bancos de investimento têm uma personalidade jurídica própria e, na origem, sua criação esteve vinculada ao objetivo de estimular o mercado de capitais e os fundos de investimento em ações. Nesse sentido, a Resolução nº 2.624, de 29 de julho de 1999, do Conselho Monetário Nacional, define, em seu art. 1º, o que seja um banco de investimento:

Os bancos de investimento são instituições financeiras privadas especializadas em operações de participação societária de caráter temporário, de financiamento da atividade produtiva para suprimento de capital fixo e de giro e de administração de recursos de terceiros. Devem ser constituídos sob a forma de sociedade anônima e adotar, obrigatoriamente, em sua denominação social a expressão "Banco de Investimento". Não possuem contas-correntes e captam recursos via depósitos a prazo, repasse de recursos externos, internos e venda de cotas de fundos de investimento por eles administrados. As principais operações ativas são financiamento de capital de giro e capital fixo, subscrição e aquisição de títulos e valores mobiliários, depósitos interfinanceiros e repasses de empréstimos externos [Banco Central do Brasil, 1999].

A Lei nº 4.728, de 14 de abril de 1965, chamada de Primeira Lei de Mercado de Capitais, criou o conceito de banco de investimento com a atribuição básica de desenvolver a indústria de fundos de investimento. O capítulo 5 deste livro apresenta uma análise detalhada da chamada "indústria dos fundos".

De uma forma mais ampla, pode-se dizer que a principal diferença entre um tipo de banco comercial e outro, como o de investimento, sempre estará na forma de captação dos recursos dos agentes superavitários e na forma dos empréstimos aos agentes deficitários. Outra importante distinção entre bancos comerciais e de investimento são as dimensões das operações. O banco comercial trabalha fundamentalmente no varejo, espalhando agências por todo o país, enquanto o banco de investimento trabalha mais no atacado, tendo poucas agências, sem preocupação de aparecer para o público em diversas localidades, e operando de forma mais centralizada.

O banco de investimento permite que seus clientes mantenham contas nele; apenas essas contas não serão as chamadas contas-

SISTEMA FINANCEIRO NACIONAL

-correntes, ou seja, não permitirão que você receba um talão de cheques para pagar valores contra essas contas. São as chamadas contas de investimento, que servem apenas para movimentação dos investimentos de um cliente de um ativo para outro, ou para transferência a outras instituições financeiras podendo estas ser bancos comerciais.

Outra distinção que pode ser feita com relação aos diferentes tipos de bancos se refere às chamadas operações passivas e operações ativas. As operações passivas são assim chamadas por aparecerem registradas no lado do passivo do balanço patrimonial do banco, ou seja, dívidas que o banco tem com terceiros. Analogamente, as operações ativas são as registradas no lado do ativo do balanço patrimonial do banco. Uma operação ativa refere-se aos recursos que o banco tem o direito de receber de volta, uma vez que ali fez investimento. Uma operação passiva indica os valores que o banco tem de honrar com as fontes de onde obteve recursos.

No caso dos bancos de investimento, as operações passivas, ou seja, como eles captam recursos, são basicamente depósitos a prazo e cotas de fundos de investimento. Já as operações ativas, ou seja, como os recursos são investidos, referem-se, mormente, a capital de giro e capital fixo para as empresas.

Outra função importante dos bancos de investimento é a gestão de fortunas por meio dos investimentos em seus diversos fundos. Recursos são captados de agentes financeiros com grandes valores e esses valores são gerenciados pelo banco de investimento, montando uma carteira para o cliente com foco em seus principais fundos de investimento.

Historicamente, os bancos de investimento surgiram nos Estados Unidos com o objetivo inicial de financiar grandes empresas. O termo em português "banco de investimento" é uma tradução da expressão americana *investment bank*, que muitas vezes quer dizer um banco de negócios. Eles surgiram após a crise de 1929, por meio de nova legislação que procurava proteger os depósitos dos correntistas dos bancos comerciais. Os bancos de investimento fomentariam o desenvolvimento de empresas que viessem a falir – como ocorreu com muitas na crise de 1929 – para que não chegassem a comprometer os depósitos dos correntistas.

Pode-se dizer, também, que os bancos de investimento constituem bancos especializados em operações envolvendo negócios com carteiras variadas e com grandes clientes. Portanto, costumam participar de operações de avaliação, fusão e aquisições, e reestruturações financeiras de empresas. Comumente, também participam de operações de lançamento de ações de empresas no mercado acionário, os chamados *initial public offerings* (IPOs) e de operações que visam ao aumento do capital de uma determinada empresa.

É esclarecedor classificar as instituições financeiras, distinguindo as "monetárias" das "não monetárias". No primeiro grupo, incluem-se os bancos comerciais, os quais captam depósitos à vista para, dessa forma, poderem criar meios de pagamento, em outras palavras, moeda escritural, por meio do efeito multiplicador, mencionado. Já os bancos de investimento são instituições financeiras não monetárias, pois não têm o poder de criar moeda escritural. Os bancos comerciais dificilmente fazem empréstimos superiores a seis meses às empresas. Quando elas precisam de recursos de mais longo prazo, recorrem aos bancos de investimento. A despeito dessa distinção entre instituições monetárias e não monetárias, muitos desses bancos fazem parte de um conglomerado onde também há um banco comercial.

Os bancos de investimento contavam com a Associação Nacional dos Bancos de Investimento (Anbid), que veio a integrar, em 21 de outubro de 2009, a Associação Nacional das Instituições do Mercado Financeiro (Andima). Essa integração entre Anbid e Andima resultou na criação da Associação Brasileira das Entidades dos Mercados Financeiro e de Capitais (Anbima). Hoje, a Anbima

SISTEMA FINANCEIRO NACIONAL

possui um conjunto de certificações profissionais para capacitação de profissionais à atuação no mercado financeiro brasileiro. No *site*, portal da Anbima (www.portal.anbima.com.br), essas certificações são em número de cinco:

- certificação Anbima, série 10 (CPA-10) – prepara profissionais para prospecção e venda de produtos de investimento no varejo;
- certificação Anbima, série 20 (CPA-20) – forma profissionais para prospecção e venda de produtos de investimento, mas focado no varejo de alta renda;
- certificação de gestores Anbima (CGA) – forma profissionais para gestão de recursos de terceiros;
- certificação de especialista em investimentos Anbima (CEA) – prepara profissionais para assessorar investidores;
- *certified financial planner* (CFP) – certificação de planejador financeiro.

A despeito da importância das caixas econômicas e dos bancos de investimento, os segmentos do sistema financeiro voltados para o financiamento do investimento produtivo não estariam completos sem as chamadas agências de fomento.

Agências de fomento

Segundo o Banco Central do Brasil,

> Os estados e o Distrito Federal podem constituir agências para fomentar o desenvolvimento regional. Agência de fomento é a instituição com o objetivo principal de financiar capital fixo e de giro para empreendimentos previstos em programas de desen-

volvimento, na unidade da federação onde estiver sediada. Entre os potenciais beneficiários do financiamento (operações ativas) estão projetos de infraestrutura, profissionais liberais, e micro e pequenas empresas. Indústria, comércio, agronegócio, turismo e informática são exemplos de áreas que podem ser fomentadas. A agência de fomento pode abrir linhas de crédito para municípios do seu estado, voltadas para projetos de interesse da população. A agência de fomento deve ser constituída sob a forma de sociedade anônima de capital fechado. Cada estado e o Distrito Federal podem constituir uma única agência, que ficará sob o controle do ente federativo onde tenha sede. A expressão agência de fomento, acrescida da indicação da Unidade da Federação controladora, deve constar obrigatoriamente da denominação social da instituição. A supervisão de suas atividades é feita pelo Banco Central [Banco Central do Brasil, s.d.].

Essas agências operam, além dos seus recursos próprios, somente com recursos de fundos e programas oficiais vinculados aos orçamentos federal, estadual ou municipal, além de organismos e instituições nacionais e internacionais de desenvolvimento. É vedada a captação de recursos junto ao público.

Essas agências devem manter um fundo de liquidez equivalente a, no mínimo, 10% de suas obrigações e esses valores devem ser integralmente aplicados em títulos federais. Tais agências surgiram, primeiramente, com a Medida Provisória nº 1.514, de 7 de agosto de 1996.

As principais atividades a elas permitidas são: financiamento para o desenvolvimento de empreendimentos de natureza profissional comercial ou industrial de pequeno porte, inclusive a pessoas físicas; financiamento de capital de giro e fixo associados a projetos; operações de crédito rural; prestação de garantias em operações relativas a seu objeto social; prestação de serviços de consultoria e de agente financeiro; prestação de serviços de administração de fundos de desenvolvimento; operações específicas de câmbio; aplicação de disponibilidades de caixa em títulos públicos federais; cessão e aquisição de créditos relacionados com o objeto social; participação societária em sociedades empresárias não integrantes do sistema financeiro; operações de arrendamento mercantil; aplicação em operações de microfinanças (DIM), sigla que se refere aos depósitos interbancários referentes às operações de microcrédito.

O microcrédito procura atender a agentes econômicos de pequeno porte que estejam, por alguma razão, excluídos do sistema financeiro tradicional. Nesse caso, a concessão do crédito está mais voltada ao potencial de atividade econômica de quem vai receber o crédito, não sendo tão importante a questão das garantias.

Apesar de ter sido criado na década de 1950, o coração do subsistema formado pelas instituições de fomento permanece até hoje sendo o BNDES.

Banco Nacional de Desenvolvimento Econômico e Social (BNDES)

Fundado em 1952 o Banco Nacional de Desenvolvimento Econômico e Social (BNDES) é um dos maiores bancos de desenvolvimento do mundo e, hoje, o principal instrumento do Governo Federal para o financiamento de longo prazo e investimento em todos os segmentos da economia brasileira. Para isso, apoia empreendedores de todos os portes, inclusive pessoas físicas, na realização de seus planos de modernização, de expansão, e na concretização de novos negócios, tendo sempre em vista o potencial de geração de empregos, renda e de inclusão social para o país. Por ser uma empresa pública e não um banco comercial, o BNDES avalia a concessão do apoio com foco no impacto socioambiental e econômico

O MERCADO BANCÁRIO E AS "FINANCEIRAS"

no Brasil. Incentivar a inovação, o desenvolvimento regional e o desenvolvimento socioambiental são prioridades para a instituição [BNDES, s.d.].

O BNDES completou, em 2016, 64 anos desde sua fundação. O Brasil era, então, muito diferente, um país basicamente agrícola, sem muitas indústrias. A economia era sustentada primordialmente pelas lavouras de café e pela produção de açúcar. A maioria dos produtos consumidos internamente era importada, principalmente dos Estados Unidos. A população brasileira ficava ao redor de 52 milhões de habitantes, e o principal transporte das capitais eram os bondes. O total de veículos no país, em 1950, era de 400 mil, incluídos aí automóveis, ônibus, caminhões e mesmo motocicletas. Já em 2012, quando o BNDES completava 60 anos, a frota avaliada pelo Departamento Nacional de Trânsito (Denatran) já era de 70 milhões de veículos automotores (Paiva, 2012).

O momento histórico de criação do BNDES corresponde a um período de aceleração do desenvolvimento econômico do país e da emergência de um novo padrão sociocultural que dominaria o mundo ocidental no pós-guerra. A primeira transmissão de televisão feita na América Latina foi feita em São Paulo, com a entrada da TV Tupi no ar em setembro de 1950. Outra novidade que revolucionou o consumo foi a criação dos primeiros supermercados com o autosserviço. A década de 1950 foi de renovação para o Brasil, que sediava pela primeira vez uma Copa do Mundo de Futebol e, para isso, construía o estádio do Maracanã (Paiva, 2012).

Na área da cultura ocorreu, em 1951, a I Bienal Internacional do Museu de Arte Moderna de São Paulo, que apresentava mais de 2 mil obras de 21 países. Em outubro de 1950, foi eleito, pela segunda vez, Getúlio Dornelles Vargas para a presidência do país, tomando posse em 1951. A Lei nº 2.004, de 3 de outubro de 1953, criava a Petrobras e outorgava à empresa o monopólio da exploração de petróleo no país. Esta, juntamente com o Banco Nacional de Desenvolvimento Econômico – a palavra Social seria acrescentada anos mais tarde – eram os dois principais pilares da expansão do setor produtivo brasileiro na época (Paiva, 2012).

De acordo com Paiva (2012), o que antecedeu a criação do BNDES em 1952 foi um grupo formado por quase 200 técnicos norte-americanos e brasileiros que compuseram a Comissão Mista Brasil-Estados Unidos (CMBEU) e desenvolveu trabalhos durante dois anos junto ao Ministério da Fazenda analisando os principais problemas econômicos brasileiros.

Segundo o economista e diplomata Roberto de Oliveira Campos,

> Quando se criou a Comissão Mista Brasil-EUA, tinha-se em vista organizar um programa de reaparelhamento econômico, dado que a infraestrutura econômica brasileira tinha sido substancialmente dilapidada durante a guerra pela escassez de importações e de investimentos. Dilapidada em termos de sistemas ferroviário, portuário e rodoviário. Havia também uma grande escassez de produtos básicos: cimento e energia, insumos básicos da industrialização. A Comissão Mista Brasil-EUA foi uma tentativa, primeiro, de planejar esses setores de infraestrutura e, segundo, de criar a rigor uma técnica de "projetamento". A Comissão Mista representou, portanto, uma preparação para a recepção de recursos externos e uma infusão de tecnologia de planejamento [Campos apud Paiva, 2012:18].

Um caso que exemplifica a importância do BNDES para o desenvolvimento do Brasil está na criação da Eletrobras, fundada em junho de 1962. A capacidade energética do Brasil era, na época, de apenas 5,8 GW, tendo atingido, em 2012, a marca de 116,8 GW, isto é, um crescimento de aproximadamente 2.000% no período de 50 anos. O apoio do banco no desenvolvimento da Eletrobras é um dos exemplos da importância de sua atuação (Paiva, 2012).

O também economista Celso de Monteiro Furtado declarou:

Creio que foi a coisa mais inteligente que já se fez, porque, com o tempo, me convenci de que o grande problema dos países subdesenvolvidos, nas suas transformações estruturais dirigidas pelo desenvolvimento industrial, era de caráter financeiro, já que não havia possibilidade de financiar projetos em longo prazo, não havia um sistema bancário adequado para isso e o financiamento internacional naquela época era muito difícil e muito fiscalizado. Era o Banco Mundial que se encarregava disso. O que nos faltava era uma grande instituição de financiamento, para entrar no campo especializado e mobilizar a massa de recursos necessária a essas transformações que a economia ia exigir nos anos 1950 [Furtado apud Paiva, 2012:22].

Os primeiros projetos apoiados pelo BNDES tiveram foco na infraestrutura, com prioridade para as áreas de transporte e energia. Um desses projetos foi a Estrada de Ferro Central do Brasil, que ligou Rio de Janeiro a São Paulo e Belo Horizonte. Outro exemplo na área de transportes foi a Estrada de Ferro Santos-Jundiaí, no estado de São Paulo (Paiva, 2012).

O economista Cleantho de Paiva (2012) citou outros importantes projetos financiados pelo BNDES.

A área de atuação do BNDES focava as áreas de energia e transporte e, principalmente, indústrias básicas. Energia para sustentar grandes projetos, como a Hidrelétrica de São Francisco, Furnas, Cemig e outros. Transporte, com ênfase na estrutura de portos e ferrovias. E indústrias básicas nas áreas de siderurgia, mecânica pesada, química [Paiva apud Paiva 2012:24].

Dados de 2011 mostram que, em apenas 12 meses, o BNDES aprovou, naquele ano, mais de R$ 200 bilhões em empréstimos, sendo cerca de 44% destinados à indústria, 34% à infraestrutura e 17% ao comércio e serviços, sendo 5% destinados à agropecuária.

Apesar desse volume colossal de recursos destinados ao financiamento de longo prazo, o BNDES não escapa de críticas daqueles que buscam seus recursos. A mais frequente diz respeito ao processo complexo, trabalhoso e lento necessário para a aprovação dos projetos (Valente, 2011).

Os desembolsos do BNDES se equiparam aos desembolsos dos grandes bancos de desenvolvimento de padrão mundial. Afirma Valente (2011:24):

> Pela ordem de grandeza dos desembolsos, o BNDES figura como um dos principais agentes de fomento ao investimento no mundo. E esse número vem crescendo: os desembolsos dos primeiros quatro meses de 2011 apresentaram aumento de quase 10% em relação ao mesmo período de 2010. O BNDES supera, inclusive, os desembolsos do Bird (Banco Mundial) e do BID (Banco Interamericano de Desenvolvimento).

A surpresa quanto ao imenso volume de recursos aportados pelo BNDES, deixa qualquer observador intrigado sobre a origem desses recursos. Na verdade, eles provêm do fato de o BNDES ser o administrador de diversos fundos, como: o Fundo de Amparo ao Trabalhador (FAT), Fundo do Programa de Integração Social e Programa de Formação do Patrimônio do Servidor Público (PIS--Pasep), Fundo Nacional de Desenvolvimento (FND), Fundo de Desenvolvimento Tecnológico das Telecomunicações (Funttel), Fundo de Garantia à Exportação (FGE) e Fundo Garantidor para Investimentos (FGI), isso sem mencionar os recursos provenientes das próprias operações efetuadas pelo BNDES (Valente, 2011).

Em vários momentos, os sindicatos de trabalhadores manifestaram-se acusando o BNDES de financiar indústrias que vêm se modernizando com o emprego de robôs, como é o caso das montadoras de automóveis. A crítica se baseia no fato de que os recursos dos trabalhadores estariam financiando indiretamente o desemprego da própria classe trabalhadora. Acredita-se que essas acusações vieram motivar o acréscimo da letra "S" referente ao social, uma vez que, por ocasião de sua fundação, a sigla era apenas BNDE. Ou seja, há uma preocupação do banco em mostrar em todas as suas operações a vertente para o atendimento do social e não apenas um simples desenvolvimento que o ignore (Valente, 2011).

O BNDES tem uma função desenvolvimentista pelo fato de apenas financiar investimentos novos. Compra e venda de empresas, aquisição de terrenos não são financiáveis por representarem ativos previamente existentes. A exceção fica com os casos de reativação de atividades outrora produtivas e de subscrição de valores mobiliários. De forma geral, o banco não financia itens que estejam no capital circulante do balanço da empresa, isto é, o banco não financia capital de giro. Há setores que ficam fora da alçada de financiamento do BNDES por uma questão de princípios do banco. Um exemplo é a produção e comercialização de armamentos. Analogamente, o BNDES se abstém de financiar atividades bancárias para não entrar em competição com o Banco Central, tendo como única exceção financiamentos referentes ao microcrédito. Há outros tipos de financiamento dos quais o banco procura manter distância, sempre havendo casos específicos de possíveis exceções: empreendimentos imobiliários; empreendimentos do setor de mineração que se refiram à lavra rudimentar ou garimpo; projetos sociais abarcados por incentivos fiscais; e, também, aquisição de *software* produzido no exterior (Valente, 2011).

Para obtenção de recursos do BNDES, um projeto deve ser apresentado pela empresa que será a destinatária dos recursos a serem empregados pela mesma. A análise do BNDES segue até o ponto onde sejam especificadas as pessoas físicas envolvidas no controle da empresa. Isso tem por objetivo evitar que o BNDES fique afeito somente a papéis, planos e demonstrações financeiras. Sempre haverá o objetivo de se entrevistar pessoalmente os que concorrem como sendo os destinatários finais dos benefícios que venham a ser produzidos pelo financiamento. Os elegíveis para obtenção dos recursos podem ser: empresas privadas controladas por residentes no Brasil; empresas privadas sediadas no Brasil, mesmo controladas por residentes no exterior, desde que o BNDES disponha de recursos captados no exterior para o financiamento, ou com autorização do Poder Executivo para a devida colaboração financeira; empresário individual com atividade produtiva e inscrito no Cadastro Nacional de Pessoas Jurídicas (CNPJ); órgãos da administração pública direta e indireta, e órgãos e empresas públicas das esferas federal, estadual, municipal e do Distrito Federal (Valente, 2011).

Para poder ampliar o atendimento aos diversos clientes potenciais, o BNDES criou uma rede de bancos repassadores visando, principalmente, aos projetos menores, concentrando seus funcionários no atendimento a projetos que exigem elevados valores de recursos. O BNDES divide suas linhas de financiamento em duas principais categorias: linhas indiretas e linhas diretas. As linhas indiretas são aquelas de operações inferiores a um determinado valor, que é reajustado periodicamente, e que, em 2016 estava em R$ 20 milhões e são chamadas de operações do BNDES automático. São recursos do BNDES repassados por meio dos bancos comerciais, onde os tomadores já possuam histórico. Nessas linhas, o tomador fica devedor do banco comercial que, por sua vez, fica devedor do próprio BNDES, mesmo que o tomador fique inadimplente com o banco comercial. Quanto às linhas diretas, são fornecidas por meio de preenchimento de cadastro junto ao BNDES e têm sua aprovação por ele efetuada (Valente, 2011).

O MERCADO BANCÁRIO E AS "FINANCEIRAS"

Uma importante novidade introduzida pelo banco foi o cartão BNDES, que funciona como um cartão de crédito rotativo, semelhante aos existentes para pessoas físicas. O objetivo do cartão é o financiamento de micro, pequenas e médias empresas com faturamento bruto anual até R$ 90 milhões e que, além disso, estejam em dia com todos os tributos e obrigações federais. Empreendedores individuais também podem se habilitar, desde que possuam CNPJ e, também, estejam em dia com obrigações e tributos federais. Informações importantes sobre o cartão BNDES podem ser encontradas no *link* <www.bndes.gov.br/cartaobndes>.

Uma ação muito parecida com a do BNDES, mas em âmbito regional, é desenvolvida pelo Banco do Nordeste.

Banco do Nordeste do Brasil S.A. (BNB)

É uma instituição financeira do estado brasileiro constituída como economia mista e de capital aberto. O BNB foi criado pela Lei Federal nº 1.649, de 19 de julho de 1952, sendo mais de 90% do seu capital controlados pelo governo federal. Tem sede na cidade de Fortaleza, no estado do Ceará, e atua em aproximadamente 2 mil municípios pertencentes aos estados da Região Nordeste, a saber: Maranhão, Piauí, Ceará, Rio Grande do Norte, Paraíba, Pernambuco, Alagoas, Sergipe e Bahia. Além desses estados, fazem parte da jurisdição do BNB, o norte de Minas Gerais, incluindo os vales do Mucuri e do Jequitinhonha, e o norte do Espírito Santo.

O banco tem como clientes os agentes econômicos e institucionais e as pessoas físicas. Os agentes econômicos compreendem as empresas (micro, pequena, média e grande empresa), as associações e cooperativas. Os agentes institucionais englobam as entidades governamentais (federal, estadual e municipal) e não governamentais. As pessoas físicas compreendem os produtores rurais (agricultor familiar, mini, pequeno, médio e grande produtor) e o empreendedor informal. Ver o *site* <www.bnb.gov.br>.

O BNB é a maior instituição da América Latina voltada para o desenvolvimento regional. Opera como órgão executor de políticas públicas na região, cabendo-lhe, especialmente, a operação dos recursos destinados a programas como o Programa Nacional de Fortalecimento da Agricultura Familiar (Pronaf) e a administração do Fundo Constitucional de Financiamento do Nordeste (FNE). Destaque-se que o FNE é, na atualidade, a principal fonte de recursos intermediada pelo banco. Por meio de parcerias e convênios com instituições nacionais e internacionais, o BNB também tem acesso a outras fontes de financiamento, tanto nacionais quanto internacionais, incluindo instituições multilaterais, como o Banco Mundial (Bird) e o Banco Interamericano de Desenvolvimento (BID).

O tipo de operação em que o BNB se destaca é o microcrédito. O programa CrediAmigo é a maior ação de microcrédito da América do Sul e a segunda da América Latina. Por meio desse programa, o banco já emprestou mais de R$ 3,5 bilhões a microempreendedores. O BNB também opera o Programa de Desenvolvimento do Turismo no Nordeste (Prodetur/NE) intermediando recursos da ordem de US$ 800 milhões. Ver: <www.bnb.gov.br>.

O BNB teve como motivação primária o combate à seca no Nordeste do Brasil, sem falar nos problemas econômicos e sociais daí decorrentes. Assim, passou a ser um marco central de um amplo plano de atuação do Estado brasileiro para reestruturar toda a região nordestina. Foi concebido como um banco comercial, promotor de investimentos na região e também com um caráter assistencialista. Seu foco primordial eram programas que viessem a complementar as obras e os serviços públicos regulares, apoiando e incentivando a iniciativa privada regional em parceria, sempre que necessário, com o capital público, tendo como objetivo de

O MERCADO BANCÁRIO E AS "FINANCEIRAS"

longo prazo fixar o nordestino na sua terra de origem dando-lhe condições de emprego e sustento (Costa Neto, 2004).

A partir de 1956, o governo federal começou a explicitar claramente o reconhecimento de desigualdades espaciais regionais decorrentes de um acelerado processo de industrialização do país. Nesse ano, houve a prorrogação do Fundo de Reaparelhamento Econômico, que dispôs 25% de seus recursos para as regiões Norte, Nordeste, Centro-Oeste e o estado do Espírito Santo, com o objetivo de elevar o nível de renda *per capita*. Para tanto, foram autorizados depósitos em organismos oficiais de crédito executores de programas de desenvolvimento econômico. Esses depósitos foram iniciados já em 1957, mas ficaram até 1963 restritos à esfera do BNB, a partir de quando começaram a beneficiar outros bancos regionais (Costa Neto, 2002).

O subsistema de financiamento ao investimento se completa com a Finep.

Financiadora de Estudos e Projetos (Finep)

A Finep foi criada em 24 de julho de 1967, pelo Decreto-Lei nº 61.056, como empresa pública vinculada do Ministério do Planejamento. É a evolução natural do Fundo de Financiamento de Estudos e Projetos e Programas, que havia sido criado em 1965 com o objetivo de financiar projetos de modernização e industrialização e contava com recursos do Banco Interamericano de Desenvolvimento (BID) e da United States Agency for International Development (Usaid) (Portal Brasil, 2005 – <www.brasil.gov.br>).

O processo de obtenção de financiamento por meio da Finep em muito se assemelha ao utilizado junto ao BNDES, sendo uma etapa preliminar a apresentação de uma carta consulta, que no BNDES é chamada de consulta prévia, podendo ser apresentada a qualquer momento em que a empresa desejar. O projeto deverá poder ser enquadrado em ações de pesquisa, desenvolvimento e inovação, principalmente projetos de investimento em etapas que sejam precedentes ao processo de produção. A principal diferença entre a aprovação de projetos entre o BNDES e a Finep é o fato de que a Finep não concede financiamento para expansão de estruturas de produção já instaladas.

De acordo com Valente (2011:63-64):

> A Finep concede financiamentos para os seguintes fins: pesquisa básica, pesquisa aplicada, inovações, desenvolvimento de produtos, serviços e processos, incubação de empresas de base tecnológica, implantação de parques tecnológicos, estruturação e consolidação dos processos de pesquisa, desenvolvimento e inovação em empresas já estabelecidas, e desenvolvimento de mercados.

Os financiamentos concedidos pela Finep se dividem em reembolsáveis e não reembolsáveis. Os não reembolsáveis se destinam às instituições sem fins lucrativos. São pleiteados por universidades e centros de pesquisa em resposta às chamadas públicas, isto é, processos para a formalização de dispensa de licitação. Os financiamentos reembolsáveis se subdividem nas seguintes modalidades: financiamento com encargos reduzidos, concedidos para empresas nacionais; financiamento reembolsável padrão, para a realização de projetos de inovação de produtos e processos fora do enquadramento das condições da Finep; financiamento com juro real zero, focado em pequenas e microempresas. Essas são as principais modalidades, existindo ainda outras menos utilizadas (Valente, 2011).

Em resumo

Não resta dúvida de que os bancos formam o *core* do sistema financeiro tal como está estruturado hoje. E isso por diversos motivos, com destaque para a capilaridade da rede de agências e a multiplicidade de produtos nelas oferecidos. Mas o objetivo deste capítulo foi além do mero estudo do mercado bancário. Incorporaram-se, igualmente, as financeiras – que disputam com os bancos o mercado de crédito ao consumidor – e as agências de fomento.

O principal objetivo foi oferecer uma referência solidamente apoiada nas normas regulatórias, nas atividades típicas e nas relações entre esses diversos agentes.

Ao final deste capítulo, os autores esperam que você, leitor, passe a ver com outro olhar cada instituição financeira. Ao entrar em uma simples agência bancária, esperamos que tenha uma dimensão clara da complexidade de relações daquela instituição e da importância dos bancos como agentes intermediadores de recursos, multiplicadores de moeda e financiadores do desenvolvimento. Agora, você possui uma visão mais ampla, integrada e bem fundamentada desses segmentos do Sistema Financeiro Nacional.

3
O Sistema Financeiro da Habitação (SFH) e o Sistema Financeiro Imobiliário (SFI)

No capítulo anterior, destacou-se a importância das carteiras imobiliárias dos bancos e das caixas econômicas. Mas as operações de financiamento imobiliário, tanto no segmento habitacional quanto no não habitacional, possuem tal importância que devem ser analisadas com maior atenção. E, de fato, o Sistema Financeiro da Habitação (SFH) e o Sistema Financeiro Imobiliário (SFI) formam um subconjunto do Sistema Financeiro Brasileiro com regras e instrumentos financeiros próprios. Outro subsistema vinculado à habitação é o Sistema Brasileiro de Poupança e Empréstimo (SBPE), de menor porte.

Vale lembrar que, em todo o mundo, o financiamento imobiliário possui esse destaque, e tal se dá por diversas razões. Antes de tudo, por conta da importância social e econômica do investimento habitacional. Imóveis residenciais e não residenciais constituem uma parcela importante do patrimônio das famílias, sejam eles destinados à moradia própria ou adquiridos como ativos geradores de renda.

No caso brasileiro, segundo dados da Câmara Brasileira da Indústria da Construção – CBIC (2015), o déficit habitacional é de mais de 5,4 milhões de unidades e encontra-se fortemente concentrado nas faixas de renda mais baixas. Segundo o IBGE (2015), o Brasil possui cerca de 67 milhões de domicílios, sendo

SISTEMA FINANCEIRO NACIONAL

que mais de 50% encontram-se na faixa até três salários mínimos de renda domiciliar.

Ao final do capítulo, o leitor deverá estar familiarizado com as principais características do SFH e do SFI, as distinções entre esses dois segmentos do sistema financeiro e a importância do financiamento imobiliário no Brasil, tanto no que se refere aos imóveis habitacionais quanto aos não habitacionais.

SFH: caracterização original e particularidades

O atual SFH é um descendente direto das reformas do Sistema Financeiro Brasileiro iniciadas em 1964 e dos aperfeiçoamentos que ocorreram durante as décadas seguintes. As medidas adotadas na época visavam modernizar os mecanismos de financiamento habitacional e, durante anos, foram extremamente bem-sucedidas. Desequilíbrios posteriores geraram crises e o sistema tem evoluído no sentido de sanar carências habitacionais que persistem.

Para compreender as características do SFH e as diferenças em relação ao SFI, vale retomar brevemente a discussão feita no capítulo 1, aprofundando alguns aspectos mais relevantes para a realidade atual.

A criação do Sistema Financeiro da Habitação ocorreu antes mesmo da chamada "Lei da Reforma Bancária" (Lei nº 4.595), de dezembro de 1964. Ele foi instituído pela Lei nº 4.380, de agosto de 1964, a mesma que criou o Banco Nacional da Habitação (BNH) e as sociedades de crédito imobiliário (SCI).

Uma característica importante da Lei nº 4.380, preservada de forma bastante alterada até hoje, foi a introdução da chamada correção monetária dos contratos. Devido aos índices elevados de inflação que prevalecem historicamente no Brasil, a lei permitia que os valores dos financiamentos imobiliários fossem corrigidos monetariamente a fim de preservar o equilíbrio dos agentes finan-

O SISTEMA FINANCEIRO DA HABITAÇÃO (SFH) E O SISTEMA FINANCEIRO IMOBILIÁRIO (SFI)

ciadores. Assim, os fatores de correção monetária foram conceitualmente separados dos juros e essa prática persiste até nossos dias nos financiamentos imobiliários. Esse é o caso típico dos contratos firmados diretamente entre compradores e construtoras, nos quais, após a entrega do imóvel, prevê-se correção mensal pelo IGP-M (o equivalente ao antigo fator de correção monetária) acrescido de juros. Após o Plano Real (1994), apesar das tentativas de reduzir a prática da indexação de contratos, os financiamentos imobiliários foram considerados exceções e a correção mensal de contratos foi permitida, regra que permanece até nossos dias, inclusive durante o período de obras, em que a correção pode ser feita pelo INCC ou pelo custo unitário básico (CUB) da construção civil nos contratos de financiamento direto com as construtoras. Em linhas gerais, os valores financiados, incluindo prestações, são apenas corrigidos por um índice de inflação setorial (INCC ou CUB) durante a obra sem a incidência de juros que passam a ser cobrados apenas após a conclusão da obra.

Nota-se que o ramo habitacional do Sistema Financeiro Brasileiro teve um rápido processo de evolução. O quadro 7 resume as principais normas que foram moldando esse subsistema desde 1964.

Retornando ao contexto do surgimento do SFH, criado oficialmente em 1964, vale destacar que, em seus primeiros anos, o sistema contava com fontes insuficientes de recursos e sua efetividade em termos do financiamento de moradias foi limitada. Um grande avanço se deu em 1966 com a Lei nº 5.167, que instituiu o Fundo de Garantia do Tempo de Serviço (FGTS), importante fonte de recursos para o financiamento imobiliário. Na sequência, a Resolução nº 20/1966, do próprio BNH regulamentou a operação das SCI. No mesmo ano, o Decreto-Lei nº 20/1966 disciplinou a operação das associações de poupança e empréstimo. Por fim, a Resolução BNH nº 29/1968 disciplinou os depósitos em cadernetas de poupança captados pelas SCI, associações de poupança e empréstimo (APE) e caixas econômicas.

Quadro 7
Principais marcos legais da evolução do Sistema Financeiro da Habitação

1964	Lei nº 4.357 – criou da correção monetária. Lei nº 4.380 – criou as SCI e o BNH.
1966	Lei nº 5.167 – instituiu o FGTS. Resolução BNH nº 20 – regulamentou as operações das SCI. Decreto-Lei nº 70 – criou as associações de poupança e empréstimo.
1967	Resolução BNH nº 12 – regulamentou as associações de poupança e empréstimo. Resolução BNH nº 25 – criou o Fundo de Compensação de Variações Salariais (FCVS).
1968	Resolução BNH nº 29 – regulamentou as aplicações em caderneta de poupança.
1970	Decreto-Lei nº 66.303 – criou a Caixa Econômica Federal (Caixa).
1986	Decreto-Lei nº 2.291 – extinguiu o BNH sucedido pela Caixa na gestão do FGTS.
1990	Lei nº 8.036 – atribuiu ao Conselho Curador a gestão do FGTS.
1997	Lei nº 9.491 – criou do Fundo Mútuo de Privatizações do FGTS (FM-FGTS).
2003	Resolução BCB nº 3.157 – definiu os agentes integrantes do SFH.
2007	Lei nº 1.491 – criou o Fundo de Investimento do FGTS (FI-FGTS).
2008	Resolução nº 577 (CC-FGTS) – autorizou as aplicações do FI-FGTS em debêntures do BNDES.

Esse conjunto de normas, adotado entre 1964 e 1968, deu corpo ao SFH, que passou a ser efetivamente um segmento especializado do Sistema Financeiro Nacional, tendo como órgão central de regulação e execução o BNH. Em 1970, este era a segunda maior instituição bancária do país e o FGTS respondia por mais de 85% de seu passivo (Eloy, 2013).

É importante destacar que, até nossos dias, o FGTS é um mecanismo de captação com propósito duplo. De um lado, visa garantir que um trabalhador que perdeu seu emprego em determinadas condições disponha de recursos poupados previamente até conseguir um novo emprego. Nesse sentido, do ponto de vista das empresas, o FGTS se caracteriza como despesa com pessoal, sendo depositado em contas individuais de cada trabalhador. O saque só pode se dar em situações específicas, tipicamente em caso de demissão sem justa causa. Esses elementos permitem caracterizar o FGTS como uma "poupança forçada". Ao mesmo tempo, devido à sua iliquidez, esse fundo se tornou uma fonte ideal de recursos para os financiamentos imobiliários, caracterizados por prazos bastante longos. Os juros pagos pelos mutuários contribuem para capitalizar o fundo, viabilizando tanto a remuneração da poupança forçada dos trabalhadores quanto os custos operacionais e de gestão do próprio fundo. Mas a grande fonte de *funding* do SFH desde sua origem tem sido a caderneta de poupança. A mesma lei que criou o FGTS em 1966 alterou as regras desse tipo de aplicação financeira vigentes à época, estendendo a ela as regras de correção monetária. Esse elemento foi fundamental para preservar, ainda que parcialmente, o valor depositado pelas famílias, o que fez da caderneta uma aplicação financeira bem-sucedida e, portanto, uma fonte relevante de recursos para o SFH.

Outro agente de grande importância no SFH surgiu em 1970. Naquele ano, o Decreto-Lei nº 66.303 criou a Caixa Econômica Federal (Caixa). Especializada na captação de recursos por meio de cadernetas de poupança, a Caixa logo se tornou uma instituição financeira de grandes proporções e sua importância, como veremos, aumentou após a extinção do BNH.

A última peça na composição do desenho original do SFH foi a criação do FCVS, instituído em junho de 1967 por meio da Resolução nº 25 do Conselho de Administração do BNH. Entre outros, o principal objetivo desse fundo era compensar eventuais desequilíbrios entre a capacidade de pagamento dos mutuários, determinada pela evolução do poder de compra dos salários, e a evolução do saldo devedor dos financiamentos. Para tanto, o fundo absorveria esses descompassos e, em caso de descapitalização, teria seu patrimônio recomposto pelo Tesouro Nacional.

Em seus 10 primeiros anos de operação, o SFH financiou mais de 1 milhão de unidades habitacionais. Em 1964, foram cerca de 5 mil. Já em 1973, esse número atingiu a marca de 148 mil unidades. A importância do SFH continuou a aumentar até o início da década de 1980. Nesse ano, 70% das novas moradias criadas contavam com financiamento do sistema e a participação do crédito imobiliário no total do crédito concedido ao setor privado chegou a 20%.

A crise do SFH, ocorrida nos anos seguintes, é um fenômeno de interesse, pois revela as potenciais fragilidades do crédito habitacional tornadas dramáticas em escala global com o advento da crise que estourou em 2008 nos chamados *subprimes*, os financiamentos hipotecários nos EUA.

A crise do SFH e o SFI

A aceleração inflacionária e a estagnação econômica do início da década de 1980 tiveram impacto intenso sobre o SFH. A queda na renda real das famílias gerou, a um só tempo, redução nos fluxos de captação por meio da caderneta de poupança e do FGTS e elevação relevante da inadimplência e dos descompassos entre o poder de compra dos salários e os valores dos financiamentos.

Essa típica situação de iliquidez e descompasso entre exigíveis e recebíveis descapitalizou o principal agente do sistema, levando à extinção do BNH em 1986. No ano anterior, a parcela de novos domicílios financiados pelo sistema havia se reduzido a cerca de 6%. O colapso do desenho original do SFH sugere diversas reflexões sobre os mecanismos de financiamento habitacional, uma modalidade de crédito de longo prazo de interesse socioeconômico em todo o mundo.

- A característica de segmentação e especialização do sistema financeiro, imposta pelas reformas da década de 1960, manteve o SFH apartado de outros subsistemas. Na atualidade, a captação de recursos originados, entre outros, no segmento previdenciário, é de extrema relevância enquanto fonte de *funding* para os financiamentos imobiliários.

- A solidez do sistema, tal como desenhado originalmente, é colocada em xeque pelas amplas possibilidades de descasamento de prazos. Do ponto de vista das famílias, os saldos em caderneta de poupança podem ser sacados em prazos relativamente curtos, mas, ao mesmo tempo, esses recursos são utilizados para financiar a aquisição de imóveis em contratos que duram décadas.

- A capacidade de captação do sistema por meio da poupança e do FGTS é fortemente pró-cíclica, isto é, vai muito bem quando há crescimento da economia como um todo, mas sofre intensamente nos momentos de recessão. Daí a incapacidade do sistema de resistir à crise prolongada da década de 1980, a qual fez com que seu equilíbrio contábil entrasse em colapso.

- Por fim, a aceleração inflacionária e a perda de poder de compra dos salários acabaram por onerar o Tesouro, responsável final por manter a capitalização do FCVS.

Em paralelo à extinção do BNH, várias outras medidas foram adotadas em 1986, redefinindo o desenho do sistema. Ao Conselho Monetário Nacional (CMN) couberam as funções de orientar, disciplinar e controlar o SFH. O Bacen assumiu as tarefas de fiscalizar as instituições financeiras que integravam o SFH e de fixar normas relativas à caderneta de poupança. A administração do passivo, do ativo, do pessoal e dos bens móveis e imóveis do BNH passou para a Caixa, juntamente com a gestão do FGTS. A Caixa também passou a gerir o FCVS a partir de 2000 (Lei nº 10.150).

Depois de 10 anos de indefinições, e diante da persistência das carências habitacionais, novos avanços no segmento de financiamento habitacional só ocorreram em 1997. Naquele ano, por meio da Lei nº 9.514, foi criado o Sistema de Financiamento Imobiliário

(SFI). O novo sistema não tinha por objetivo substituir o antigo SFH, mas ser uma opção a ele, fazendo uso de novos mecanismos de financiamento.

O SFI teve como um de seus fundamentos a possibilidade de securitização dos créditos imobiliários conferindo maior segurança jurídica aos contratos. Ao contrário do SFH, o novo sistema não foi concebido com fontes cativas de captação com taxas de juros determinadas pelos órgãos reguladores, como no caso do FGTS e das cadernetas.

Os principais instrumentos de captação com possibilidade de negociação em mercados secundários (securitização) são os certificados de recebíveis imobiliários (CRIs), as letras de crédito imobiliário (LCIs) e as cédulas de crédito imobiliário (CCIs). As principais características desses instrumentos são listadas no quadro 8.

Quadro 8
Caracterização dos títulos utilizados no SFI

Instrumentos de captação e securitização do Sistema de Financiamento Imobiliário	
Letras de crédito imobiliário (LCIs)	Títulos de crédito lastrados por créditos imobiliários, garantidos por hipoteca ou por alienação fiduciária imobiliária.
Cédulas de crédito imobiliário (CCIs)	Títulos emitidos pelo credor e originados em direitos de crédito imobiliário com pagamento parcelado. Seu objetivo é simplificar a cessão do crédito e sua posterior negociação. A CCI permite que um contrato particular se torne um título transacionável, com emissão e negociação independentemente da autorização do devedor.
Certificados de recebíveis imobiliários (CRIs)	Título de renda fixa baseado em créditos imobiliários emitido por sociedades securitizadoras. Esses títulos são utilizados juntamente com as CCIs, por oferecerem mais segurança e transparência para o comprador desses certificados.

Os agentes financeiros, tipicamente os bancos com carteira imobiliária, captam recursos junto a seus clientes por meio de LCIs. Do ponto de vista desses aplicadores, a LCI equivale a um título de renda fixa, assemelhado ao CDB. Como atrativo, as LCIs estão isentas de imposto de renda. Os recursos originados nas vendas dessas letras são destinados pelo agente financeiro ao financiamento imobiliário. A principal garantia desses financiamentos é a alienação fiduciária, tratada adiante.

Por sua vez, as CCIs são títulos emitidos pelos ofertantes de crédito imobiliário e, mais uma vez, o caso típico são os bancos com carteira imobiliária. Esses títulos permitem ao agente financeiro ceder créditos imobiliários concedidos por ele sem necessidade de autorização do devedor. Os CCIs podem, ainda, ser negociados livremente após a emissão, mais uma vez sem a necessidade de autorização do devedor, dando grande liquidez a essas operações.

Por fim, os CRIs são títulos de emissão exclusiva das securitizadoras, definidas pela legislação como instituições não financeiras. Esses títulos visam ampliar ainda mais as possibilidades de negociação secundária de créditos imobiliários. Assim, as securitizadoras compram, mediante desconto, os direitos creditórios vinculados a financiamentos imobiliários. Em muitos casos, essa operação ocorre por meio da emissão de CCI pelos bancos que, originalmente, haviam financiado imóveis para os compradores finais. A partir desses ativos (direitos creditórios adquiridos), as securitizadoras emitem CRIs.

Ao final do processo, os compradores de imóveis continuam pagando suas prestações ao agente financeiro que realizou a primeira operação de financiamento (tipicamente, banco com carteira imobiliária). Os recursos são repassados às securitizadoras, que remuneram os investidores que adquiriram os CRIs. Estes, por sua vez, podem ser outros agentes financeiros, como fundos e bancos de investimento. O caso dos fundos de investimento imobiliário, que

SISTEMA FINANCEIRO NACIONAL

também negociam títulos como os que foram citados no quadro 8, será tratado no capítulo 5.

Os CRIs continuam passíveis de negociação no mercado secundário após sua oferta primária pelas securitizadoras.

Vale notar que a Resolução nº 2.517/1998, do CMN, considerou os CRIs valores mobiliários para fins de observância da Lei nº 6.385. Por consequência, as operações com esses títulos ficaram sujeitas à regulamentação e fiscalização da CVM. Por conta disso, a Instrução CVM nº 414/2004 estabeleceu regras para o registro das sociedades securitizadoras de créditos imobiliários, assim como para a oferta pública dos CRIs.

A segurança jurídica das operações do SFI seria garantida com a introdução, no desenho jurídico do sistema, da alienação fiduciária. Esse é um mecanismo legal que transfere a propriedade e a posse indireta do imóvel financiado do devedor (pessoa que está adquirindo o imóvel) para o credor (agente financiador) durante o financiamento. Com isso, em caso de inadimplência, as chances de o credor conseguir reaver o imóvel como garantia do empréstimo são bastante elevadas.

Juntas, a maior segurança jurídica e a possibilidade de negociação dos títulos imobiliários em mercados secundários tinham por objetivo último a redução dos riscos e a elevação da liquidez desses papéis. Com isso, a típica característica de "engessamento" do SFH estaria superada e o mercado de crédito imobiliário contaria com canais de comunicação com outros segmentos do sistema financeiro. No entanto, no caso dos imóveis em construção, adquiridos "na planta", restavam elementos de desconfiança com relação à solidez das construtoras.

Um passo decisivo no sentido de eliminar mais esse elemento de risco foi dado em 2004, com a instituição do patrimônio de afetação por meio da Lei nº 10.931. O objetivo é dar maiores garantias ao comprador de imóveis em construção quanto à conclusão da obra e efetiva entrega do bem, mesmo em caso de falência ou insolvência do incorporador. Para isso, parte do patrimônio da incorporadora é "afetado", isto é, separado contabilmente. A incorporadora permanece dona do patrimônio afetado, mas sua disponibilidade fica condicionada à realização de cada obra. Assim, cada empreendimento passa a ter sua própria contabilidade, separada das operações da incorporada ou construtora. Isso restringe a possibilidade de desvios de receitas originadas em um novo empreendimento para um anterior, o que poderia colocar em risco a gestão financeira e, portanto, a conclusão da primeira obra, criando um autêntico "efeito dominó" em prejuízo dos compradores dos imóveis.

Com esse instituto, o patrimônio afetado, isto é, segregado contabilmente, deixa de se comunicar com os demais bens, direitos e obrigações do patrimônio geral da incorporadora ou construtora e responde apenas por passivos vinculados à própria incorporação. Para estimular a adesão a esse instituto, que é voluntária e depende de decisão da incorporadora, as empresas que aderirem ao sistema podem se beneficiar de um regime de tributação especial (RET).

Quando se dá a opção pelo regime, passam a fazer parte do patrimônio de afetação: o terreno e demais bens acessórios a ele, objetos da incorporação imobiliária; todos os direitos vinculados à incorporação; e os créditos decorrentes da comercialização das unidades imobiliárias envolvidas.

Na hipótese de falência da empresa, os compradores podem contratar outra empresa que deverá assumir o patrimônio afetado em substituição à incorporadora ou construtora falida com o objetivo de concluir a obra e assegurar a entrega dos imóveis aos compradores.

Em razão das elevadas taxas de juros dos títulos públicos, o interesse dos bancos nas operações do SFI, de risco mais elevado, tem permanecido limitado. Ao mesmo tempo, apesar da alienação fiduciária, muitos agentes financeiros consideram que a falta de jurisprudência ampla sobre a retomada de imóveis em caso de inadimplência eleva ainda mais o risco dessas operações.

Adicionalmente, a convivência dos dois sistemas é, em parte, conflituosa. O espaço nas carteiras imobiliárias dos bancos acaba por ser disputado e, dada a obrigatoriedade de carrear recursos captados por meio da caderneta de poupança para o SFH, este acaba tendo prioridade, e a ampliação das operações por meio do SFI acaba por depender da disposição dos bancos de ampliar ainda mais a parcela das operações de financiamento imobiliário em seu ativo total. De acordo com a Resolução nº 3.932/2010, do Bacen, atualmente, 65% dos recursos captados pelas cadernetas de poupança devem ser aplicados, obrigatoriamente, em financiamentos imobiliários. Desses valores, 80% (o equivalente a 52% do saldo de captação da poupança) devem ser direcionados para operações de financiamento habitacional no âmbito do SFH e 20% (13% daquele mesmo saldo) podem ser utilizados em operações imobiliárias a taxas de mercado, isto é, foram dos limites do SFH, sendo ainda que 50% (6,5% do saldo) dessas operações devem necessariamente ser direcionadas à habitação.

O surgimento do SFI sobrepôs um novo estrato à estrutura do Sistema Financeiro Brasileiro em seu segmento habitacional. Mas não substituiu alguns dos estratos mais antigos, herdados da velha estrutura da década de 1960, como é o caso do Sistema Brasileiro de Poupança e Empréstimo (SBPE) e seus agentes típicos.

O SBPE, as sociedades de crédito imobiliário e as associações de poupança e empréstimo

Ao longo do presente capítulo, foram feitas referências às duas grandes fontes de *funding* (captação de recursos) do SFH: as cadernetas de poupança e o FGTS. Mas, nesse ponto da análise, vale esclarecer que, segundo o desenho herdado das reformas dos anos de 1960, essas fontes resultam na constituição de dois subsistemas de geração de *funding* dentro do próprio SFH, como mostrado sinteticamente na figura 3.

Assim, quando se fala do Sistema Brasileiro de Poupança e Empréstimo (SBPE), está-se analisando o conjunto de instituições que captam recursos por meio da poupança voluntária das famílias e do instrumento típico do sistema: as cadernetas. A origem do SBPE remonta a 1964, com a criação das Sociedades de Crédito Imobiliário, e à mesma norma que criou o FGTS, isto é, a Lei nº 5.107/1966.

Figura 3
O SFH e suas fontes de *funding* no contexto
do Sistema Financeiro Nacional

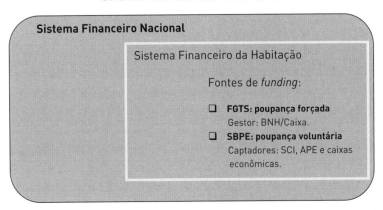

Tanto as cadernetas quanto o FGTS constituem mecanismos de captação de recursos a serem destinados ao financiamento imobiliário. No entanto, enquanto as cadernetas de poupança recebem depósitos voluntários das famílias, o FGTS se caracteriza, como já foi visto, como poupança forçada ou compulsória, ou seja, uma parcela do próprio salário dos trabalhadores depositada em contas individualizadas mas que, como regra, ficam indisponíveis para saque exceto em caso de demissão sem justa causa, entre outras situações.

Em sua origem, integravam o SBPE as sociedades de crédito imobiliário (SCIs) e as associações de poupança e empréstimo (APEs), instituições não bancárias, isto é, que não poderiam captar por meio de contas-correntes, e as caixas econômicas. Na atualidade, os bancos com carteira imobiliária também integram o sistema, uma vez que oferecem ao público a opção da caderneta de poupança, instrumento típico de captação do SBPE. De acordo com a Resolução nº 3.157 do Banco Central, de dezembro de 2003, em seu art. 1º, são agentes do SFH:

> os bancos múltiplos com carteira de crédito imobiliário, as caixas econômicas, as sociedades de crédito imobiliário, as associações de poupança e empréstimo, as companhias de habitação [Cohabs], as fundações habitacionais, os institutos de previdência, as companhias hipotecárias, as carteiras hipotecárias dos clubes militares, as caixas militares, os montepios estaduais e municipais e as entidades de previdência complementar.

Desde sua criação em 1970, a Caixa Econômica Federal (Caixa) concentrou grandes captações na forma de depósitos em caderneta de poupança. O crescimento do volume de operações da Caixa fez dela o candidato natural a assumir o papel de gestora central do SFH após a extinção do BNH em 1986.

Logo nos primeiros anos posteriores a 1966, o sucesso das cadernetas de poupança atraiu a atenção dos grandes conglomerados financeiros, que promoveram rápido processo de concentração no âmbito do SBPE, inclusive por meio da aquisição de SCIs e APEs menores (Eloy, 2013). No início da década seguinte, as cadernetas de poupança se tornaram o principal ativo financeiro do setor privado (Abecip, 1994).

Até nossos dias, os recursos originados no SBPE e no FGTS são as duas grandes fontes de *funding* do SFH e, como visto, sua aplicação em financiamentos imobiliários é vinculada, sendo esse um dos fatores que acabam limitando a expansão das operações dos bancos por meio do SFI.

O SISTEMA FINANCEIRO DA HABITAÇÃO (SFH) E O SISTEMA FINANCEIRO IMOBILIÁRIO (SFI)

O FGTS, a privatização e os subsídios do Minha Casa, Minha Vida

A característica de ser um "fundo cativo", isto é, de ter a aplicação de seus recursos vinculada ao crédito imobiliário, sempre limitou a rentabilidade do FGTS. Os ganhos do fundo são provenientes, em última instância, dos juros pagos pelos mutuários do SFH e de eventuais aplicações de excedentes de recursos tipicamente em títulos públicos. Esses ganhos excedem a remuneração paga pelo próprio FGTS aos trabalhadores que, mensalmente, aportam no fundo os valores depositados em seu nome pelos empregadores.

Em meados da década de 1990, em plena era das privatizações, foi adotada uma iniciativa com duplo objetivo financeiro: favorecer a pulverização de ações das empresas em processo de privatização e, ao mesmo tempo, elevar a rentabilidade auferida pelos trabalhadores em suas contas de FGTS.

Com essa finalidade, a Lei nº 9.491/1997 criou o Fundo Mútuo de Privatizações FGTS (FMP). Essa norma permitia a utilização de até 50% dos saldos do FGTS na aquisição de empresas públicas, como a Vale do Rio Doce (em processo de privatização na época) ou da Petrobras. Iniciativa semelhante voltou a ser adotada em 2007, por meio da Lei nº 11.491 que criou o Fundo de Investimento FGTS (FI-FGTS). Este último, administrado e gerido pela Caixa, segue as diretrizes do Conselho Curador, podendo aplicar recursos em projetos de infraestrutura e, desde 2008, também em debêntures do BNDES. Por conta de suas características de operação, o FI-FGTS está sujeito à supervisão da CVM.

Outra alteração importante no uso do FGTS ocorreu no contexto do programa Minha Casa, Minha Vida (MCMV), carro-chefe da política habitacional do governo federal até a atualidade.

Instituído pela Lei nº 11.977, de julho de 2009, o MCMV foi concebido no âmbito do Plano Nacional de Habitação, sob

SISTEMA FINANCEIRO NACIONAL

responsabilidade do Ministério das Cidades e tem na Caixa seu agente financeiro central. Foi incluído, ainda, no Programa de Aceleração do Crescimento (PAC), lançado originalmente em janeiro de 2007.

Além da redução do déficit habitacional, o MCMV visava impulsionar o crescimento por meio do setor da construção civil e criar empregos. Este último objetivo justificou a inclusão do programa no PAC.

Em sua primeira fase, a meta era a construção de 1 milhão de moradias em 12 meses, o que exigiria recursos da ordem R$ 28 bilhões, sendo R$ 20,5 bilhões referentes a subsídios pagos diretamente com recursos da União, acrescidos de R$ 7,5 bilhões provenientes do FGTS.

A concessão de subsídios às famílias de baixa renda contemplava três diferentes faixas:

- faixa 1: de zero a até três salários mínimos;
- faixa 2: de três até seis salários mínimos;
- faixa 3: de seis até 10 salários mínimos.

Concebido e implementado no contexto da recessão mundial, cujo estopim foi a crise dos *subprimes* nos EUA, o MCMV ampliou fortemente a participação dos subsídios diretos provenientes do Tesouro como fonte de *funding* para o financiamento habitacional.

Como se verá na próxima seção deste capítulo, a concessão de subsídios para as famílias de baixa renda é uma prática usual em diversos países. No entanto, costuma estar vinculada à obrigatoriedade de algum esforço prévio de poupança por parte das famílias. Adicionalmente, a eventual necessidade de cortes orçamentários pode comprometer a continuidade de programas fortemente centrados em subsídios. E isso foi precisamente o que ocorreu no Brasil, sobretudo a partir de 2015.

O SISTEMA FINANCEIRO DA HABITAÇÃO (SFH) E O SISTEMA FINANCEIRO IMOBILIÁRIO (SFI)

De toda forma, segundo a Caixa, até dezembro de 2010 foram contratados 1.005.028 financiamentos no âmbito da primeira fase do MCMV, superando a meta estabelecida pelo governo (Cagnin, 2012). Dos 936.508 financiamentos contratados pela Caixa, 57% foram contratados na faixa de renda entre zero e três salários mínimos.

A segunda fase do programa (MCMV 2) foi anunciada em junho de 2011 e previa a contratação de mais 2 milhões de moradias a serem construídas até 2014, sendo 60% delas na faixa 1. As faixas de renda foram ajustadas (de zero a R$ 1.600, até R$ 3.100 e até R$ 5.000) e o valor médio das unidades foi elevado (R$ 42.000 para R$ 55.188). Os investimentos previstos nessa fase eram de R$ 125,7 bilhões, sendo R$ 72,6 bilhões na forma de subsídios da União e R$ 53,1 bilhões do FGTS.

Em 2015, foi introduzido um novo mecanismo de financiamento na faixa 1 do programa. Parcela dos subsídios até então concedidos pela União passou a ter origem também no FGTS, aumentando, assim, a participação deste último. A fim de não descapitalizar o fundo, esses repasses foram limitados aos superávits do FGTS, decorrentes da aplicação de seus recursos essencialmente em títulos públicos, cuja remuneração excede a rentabilidade paga aos poupadores que aportam recursos, isto é, a remuneração das contas dos trabalhadores. Como na faixa 1 o subsídio em 2015 alcançava 95% do valor dos imóveis, deixando às famílias a responsabilidade de pagamentos quase meramente simbólicos, parcela expressiva dos recursos aportados pelo FGTS foi a fundo perdido.

Considerando a evolução do SFH, tratada neste capítulo, vale refletir sobre a questão dos subsídios.

Tanto os aportes diretos do Tesouro quanto a utilização dos excedentes do FGTS, ambos voltados para as famílias de baixa renda, constituíram uma alteração significativa em relação às práticas de subsídios em vigor nas décadas anteriores, sobretudo durante os

15 primeiros anos do SFH. Durante o período de recessão e alta inflação, típico da primeira metade dos anos de 1980, os descompassos contábeis do SFH justificaram medidas de estímulo à quitação de contratos de financiamento que se tornavam onerosos para o sistema. Para estimular essa prática, foram oferecidos descontos com percentuais elevados, sendo a diferença contábil entre o valor dos financiamentos e o efetivamente pago lançado no FCVS.

A concentração dessas operações nas famílias de renda mais elevada gerou um duplo efeito indesejado: de um lado, deixou de beneficiar as famílias mais pobres e, de outro, gerou um passivo crescente que acabaria por ser absorvido pelo Tesouro. Em resumo, a prática histórica de subsídios ao longo da história do SFH anterior ao MCMV nem focou as famílias mais pobres nem foi financeiramente sustentável.

Regime especial de tributação (RET) e patrimônio de afetação

Duas medidas de interesse para estimular o mercado de edificações foram adotadas nos anos recentes: o regime especial de tributação (RET) para as construtoras e a afetação patrimonial.

O RET é um dispositivo que nos remete ao campo especificamente tributário e, por essa razão, será apenas mencionado aqui, muito embora esteja intimamente ligado ao programa MCMV. Esse regime foi adotado inicialmente em 2009 por força da Lei nº 12.024, permitindo que, no âmbito do MCMV, as construtoras substituíssem uma série de tributos (IRPJ, CSLL, PIS-Pasep e Cofins) por uma alíquota única de 1% sobre o faturamento.

A vigência atual desse regime está regulada pela Lei nº 13.097/2015 e prevê a manutenção desse incentivo até 2018.

Mas esse benefício tem uma limitação que nos remete ao segundo tema: a afetação patrimonial. Só podem se beneficiar do RET de

O SISTEMA FINANCEIRO DA HABITAÇÃO (SFH) E O SISTEMA FINANCEIRO IMOBILIÁRIO (SFI)

1% as construtoras de casas isoladas, isto é, unidades habitacionais individualizadas. Caso haja incorporação, isto é, verticalização por meio de prédios de apartamentos ou mesmo condomínios horizontais, não pode haver adesão ao RET. Do mesmo modo, mesmo as habitações térreas não podem se beneficiar do RET caso o valor do imóvel ultrapasse um limite máximo que, em março de 2016, era de R$ 100 mil.

Mas as incorporadoras também contam com benefícios. Desde que optem pela prática da afetação patrimonial, essas empresas contam com um RET com alíquota de 3%. Mas o que é afetação patrimonial?

Esse instrumento jurídico e contábil foi definido pela primeira vez no Brasil por meio da Medida Provisória nº 2.221, de 4 de setembro de 2001. Posteriormente, a Lei nº 10.931, de 3 de agosto de 2004, alterou o texto da Lei nº 4.591/1964, conhecida como "Lei da Reforma Bancária", introduzindo nesta última os arts. 31-A a 31-F.

O patrimônio de afetação ou afetação patrimonial é um regime jurídico-contábil no qual o terreno e as acessões (acréscimos a ele decorrentes da obra), objetos de uma incorporação imobiliária, bem como demais bens e direitos a ela vinculados na contabilidade da incorporadora, são mantidos contabilmente separados do patrimônio geral da empresa.

A grande vantagem para o comprador do imóvel refere-se à segurança jurídica dos contratos de compra de imóveis "na planta". Pelas regras do regime, o imóvel, enquanto ativo da incorporadora, não se comunica com as demais obrigações, bens e direitos da empresa, inclusive em caso de falência. Como consequência, o imóvel em construção fica vinculado às dívidas e obrigações decorrentes do empreendimento.

Os bens e direitos que tenham sido incluídos em um dado patrimônio de afetação podem servir como garantia real, lastreando hipotecas ou alienações fiduciárias. Mas, por estar contabilmente apartado no balanço da incorporadora, todo benefício dessas operações tem de ser revertido integralmente ao respectivo empreendimento. Por outro lado, os recursos financeiros necessários à execução da obra objeto do patrimônio de afetação devem ser mantidos em conta de depósito, a ser aberta especificamente para cada empreendimento. Do ponto de vista das operações do Sistema Financeiro Nacional, observou-se que a adoção da prática da afetação patrimonial pelas incorporadoras reduziu a percepção de risco por parte dos compradores de imóveis na planta, contribuindo para o incremento das operações de financiamento imobiliário no âmbito do SFH. No caso dos imóveis comprados "na planta", o financiamento imobiliário ocorre somente após o habite-se e a entrega das chaves. Ainda assim, o regime de afetação patrimonial foi um fator importante de impulso para essas operações.

Em resumo

Em todo o mundo, o financiamento imobiliário é um subsistema delicado dentro do âmbito mais amplo do sistema financeiro.

O grande desafio é conciliar prazos. Dado o alto valor relativo dos imóveis residenciais no contexto do orçamento das famílias, os compradores de imóveis requerem financiamentos de longo prazo. Tipicamente, um contrato de financiamento residencial tem prazo de 20 a 30 anos. A fim de evitar descasamentos, é necessário encontrar fontes adequadas de *funding* ou, em outros termos, poupadores dispostos a manter recursos aplicados por prazos também bastante longos.

Adicionalmente, em países desiguais, como o Brasil, a aquisição de uma residência pode se tornar um sonho impossível para muitas famílias de baixa renda. Daí a necessidade de subsidiar a compra das chamadas habitações populares.

Como vimos, o SFH, mesmo em seus anos de maior pujança, conseguiu ampliar o acesso ao crédito imobiliário, mas não conseguiu se livrar do fantasma dos descasamentos, nem atendeu de forma adequada às famílias mais pobres.

No próximo capítulo, será tratado um segmento que possui interseções relevantes com o Sistema Financeiro da Habitação e com o Sistema Financeiro Imobiliário: o mercado de valores mobiliários, peça essencial no financiamento do investimento privado como um todo.

4
O mercado de valores mobiliários

O mercado de valores mobiliários é uma das peças mais ágeis do sistema financeiro em todo o mundo. Essencialmente, ele permite a negociação de frações contábeis de capital, isoladamente ou em bloco. E esse fracionamento tem diversas vantagens.

Antes de tudo, democratiza o acesso ao capital das grandes organizações, com destaque para as chamadas sociedades anônimas. Assim, mesmo dispondo de valores pequenos, um agente econômico pode se tornar sócio de uma grande empresa ao comprar suas ações.

Além disso, o fracionamento do capital permite compor carteiras diversificadas de ativos com papéis que representam pequenas parcelas de empresas dos mais variados ramos de atividade. A consequência disso é a diluição do risco dos investidores, uma vez que nem todos os mercados apresentam, tipicamente, grandes ganhos ou grandes perdas ao mesmo tempo.

Por fim, a decisão de lançar no mercado papéis que representam direitos sobre seu capital compete a cada empresa. Isso faz dos valores mobiliários uma alternativa de capitalização, isto é, de obtenção de *funding* com vistas ao crescimento dos negócios das empresas que têm acesso a esse mercado.

Ao final do capítulo, espera-se que o leitor tenha claro que um valor mobiliário é essencialmente um contrato. Esse contrato dá direito a quem o possui. Também são chamados de títulos e

SISTEMA FINANCEIRO NACIONAL

podem ser basicamente de duas categorias: títulos de dívida, que representam obrigações, ou títulos de propriedade, podendo ser nomeadas de ações ou cotas de participação, dependendo do tipo de propriedade que conferem. Há, também, outros valores mobiliários, como contratos futuros e de opções, cuja principal finalidade é a gestão de riscos.

Bolsas de valores

São instituições financeiras que têm por objetivo administrar mercados organizados dos valores mobiliários de um país. Pode haver mais de uma bolsa de valores no país, sendo que, no caso do Brasil, efetivamente atuando, havia duas bolsas, a do Rio de Janeiro e a de São Paulo, que vieram a se fundir em uma só no ano 2000, mantendo o nome de Bolsa de Valores do Estado de São Paulo (Bovespa). Na verdade, nesse ano foi feita uma grande integração da Bovespa com diversas bolsas de valores que, até então, existiam no Brasil. Envolveu, também, as bolsas de Minas, Espírito Santo, Brasília e diversas outras bolsas regionais que abriram mão da negociação com ações e passaram, simplesmente, a manter atividades de desenvolvimento de mercado e prestação de serviços locais. Mais adiante, em 2008, foi feita nova fusão entre a Bolsa Mercantil e de Futuros (BM&F) com a Bolsa de Valores do Estado de São Paulo (Bovespa), resultando na hoje denominada BM&F Bovespa.

As bolsas de valores procuram centralizar recursos de aplicadores com o objetivo de facilitar a negociação de valores mobiliários, visando proporcionar, aos investidores, liquidez e transparência em suas negociações.

A maioria das bolsas de valores existentes hoje em dia opera somente por meio de um sistema eletrônico que, no caso da BM&F Bovespa, é o Mega-Bolsa. Os chamados pregões de voz que eram

O MERCADO DE VALORES MOBILIÁRIOS

utilizados no passado, com dezenas de corretores gritando as ordens e carregando telefones para comunicação com suas corretoras, já não existem mais do ponto de vista operacional, sobrevivendo apenas como curiosidade histórica.

Os ativos negociados na BM&F Bovespa podem ser segmentados em duas grandes categorias: os negociados pela Bovespa (Bolsa de Valores do Estado de São Paulo) e os negociados pela Bolsa de Mercadorias & Futuros, BM&F. No passado essas duas bolsas atuavam como instituições financeiras separadas. O acordo de fusão, foi anunciado ao mercado em 25 de março de 2008, criando, na época, a terceira maior bolsa do mundo, ficando atrás apenas da bolsa alemã e da bolsa de Chicago. Ou seja, agora as duas constituem uma única pessoa jurídica, mas, no interior da nova organização, as antigas atribuições continuam separadas do ponto de vista operacional.

A Bovespa ficou com a parte de renda variável que engloba mercado à vista, mercado de opções e mercado futuro. Ficou também com investimentos em fundos imobiliários e fundos fechados. Ainda permanecem com a Bovespa aplicações em renda fixa: debêntures, *commercial papers*, certificados de recebíveis imobiliários e fundos em direitos creditórios. Com a BM&F permaneceram três grupos: contratos futuros, mercado de balcão e de *commodities*. Os contratos futuros de índices negociados na BM&F são: índice Bovespa futuro, dólar, taxas de juros, ouro e títulos da dívida externa. No mercado de balcão são negociadas as opções flexíveis e os *swaps*. No mercado de *commodities* são negociados os contratos de soja, milho, café arábica, boi gordo, açúcar, álcool e algodão.

A BM&F Bovespa oferece ainda alguns serviços essenciais ao pequeno investidor: *home broker*, *after market* e novo mercado.

O *home broker* é uma ferramenta eletrônica que a BM&F Bovespa oferece às corretoras para atendimento aos seus clientes e que permite, por meio do *site* da corretora ou de um aplicativo, oferecer a possibilidade de o investidor negociar ativos financeiros pela internet sem a necessidade de intervenção do agente autônomo de investimentos da corretora. Assim, é simplificada a operação por parte do cliente, evitando o contato por telefone ou mesmo *e-mail* (Amorim et al., 2011).

O *after market* é uma inovação que permite ao pequeno investidor fazer suas operações fora do horário do pregão normal da bolsa, quando, na maioria dos casos, esse investidor ainda está trabalhando. No *after market* existem um horário predeterminado e uma variação máxima de cotações permitidas.

A Bovespa segmenta a negociação das diversas ações de diferentes empresas, procurando adequar as características das companhias ao tipo de mercado em que são negociadas. O nome técnico dado pela Bovespa para essas divisões é "segmentos de listagem". Tem como objetivo ajudar o investidor a escolher as características dos papéis das empresas que melhor se adequem ao seu perfil. Atualmente, isto é, em 2017, os segmentos de listagem são em número de seis:

- Bovespa Mais;
- Bovespa Mais nível 2;
- Novo Mercado;
- Nível 2;
- Nível 1;
- Tradicional.

Existem 14 características que diferenciam cada segmento um do outro. Uma das principais é quanto à permissão de negociação de ações preferenciais ou não. O mercado entende que empresas que só possuam ações ordinárias são mais democráticas em sua gestão, pois todos os acionistas têm direito igual a voto, podendo participar das deliberações das assembleias. Os segmentos Bovespa

Mais e Novo Mercado só permitem a existência de ações ordinárias. A principal diferença entre o Bovespa Mais e o Bovespa Mais 2 é que o segundo permite a existência também de ações preferenciais. O Novo Mercado é o segmento que mais exige das empresas, oferecendo maior segurança, principalmente ao pequeno investidor. O segmento Nível 2 se aproxima do Novo Mercado em termos de uma série de exigências da Bovespa, com a diferença de que ali podem ser negociadas ações de empresas que possuam também ações preferenciais, porém, com direitos adicionais aos acionistas que vão além da legislação vigente. As principais diferenças entre o Nível 1 e o Nível 2 são duas: as ações preferenciais só precisam atender à legislação no caso do Nível 1, com direitos adicionais no caso do Nível 2. No caso do *tag along* (mecanismo de proteção a acionistas minoritários que garante o direito de deixarem uma sociedade caso o controle da companhia seja adquirido por um investidor que até então não fazia parte da mesma), é de apenas 80% para o Nível 1, atingindo 100% para o Nível 2. O segmento com menos exigências da Bovespa é o chamado Tradicional. Não há, praticamente, nenhuma regra de governança corporativa exigida pela bolsa, a não ser aquelas já definidas na legislação e o *tag along* é também de 80%.

O Novo Mercado é um segmento da Bovespa em que estão listadas as empresas com melhor governança corporativa. Ele foi lançado no ano 2000 e, desde então, estabeleceu um nível altamente diferenciado. Hoje, ele se tornou um padrão exigido pelos investidores para novas aberturas de capital na bolsa, tanto pela transparência exigida quanto pelas diretrizes de governança corporativa. A listagem, nesse segmento, depende de a empresa atender a um grande número de regras societárias que ampliam em muito os direitos dos acionistas se comparados com aqueles definidos na legislação, com adoção de políticas de divulgação de grande transparência e abrangência.

SISTEMA FINANCEIRO NACIONAL

Para atuarem no Novo Mercado, essas empresas precisam seguir práticas de transparência e de proteção ao pequeno investidor. Duas características são as mais importantes: a empresa só pode negociar ações ordinárias, as que dão direito a voto; e o *tag along*, isto é, o preço oferecido e a garantia aos pequenos investidores devem ser os mesmos dos grandes investidores em caso de fusão ou aquisição da empresa. Além disso, há um conjunto de regras que a empresa deve seguir, visando fazer com que ela mantenha um padrão elevado de governança corporativa.

Uma bolsa sem restrições a nenhum tipo de negociação, e com regras bem definidas e claras, permite que não só os investidores, pequenos e grandes, tenham benefícios, mas também apresenta outras funções que beneficiam toda a sociedade. Entre essas funções, citamos: funcionar como um termômetro da economia, gerar oportunidades de investimentos a pequenos investidores, redistribuir a renda por meio do pagamento de dividendos das empresas, permitir a capitalização de investimentos que irão gerar empregos diretos e indiretos na economia e auxiliar no desenvolvimento das empresas por meio das análises feitas por diversos especialistas em negócios, entre muitas outras.

Primordialmente, a bolsa negocia ações de companhias abertas, isto é, sociedades anônimas de capital aberto. No Brasil, as empresas podem ser constituídas basicamente como limitadas (Ltda.) ou sociedades anônimas (S.A.).

A principal característica de uma sociedade limitada é o fato de a responsabilidade dos sócios ser limitada ao valor de suas cotas integralizadas no contrato social da empresa. As sociedades anônimas, por sua vez, são reguladas pela Lei nº 6.404, de 15 de dezembro de 1976. Apenas as sociedades anônimas podem ter cotação em bolsa. Para melhor compreensão dessas empresas, apresentar-se-á, a seguir, uma comparação mostrando as diferenças entre as empresas limitadas e as sociedades anônimas a partir de diferentes pontos de vista.

No caso das Ltda., quanto ao capital social, se dá por cotas de participação dos sócios, definidas previamente no contrato social da empresa. No caso das S.A., o capital social é dividido em parcelas chamadas de ações. Quanto à responsabilidade dos sócios, na Ltda. é subsidiária e limitada ao valor das cotas integralizadas. Já na S.A., a responsabilidade dos acionistas é também limitada ao preço de emissão das ações subscritas ou adquiridas. No que tange à flexibilidade de regras da organização, ela é grande no caso das Ltda., já sendo bastante rígida no caso das S.A.

A administração de uma Ltda. pode ser feita por um ou mais sócios, desde que especificado no contrato social. É também possível que a administração seja feita por terceiros, desde que os mesmos sejam profissionais qualificados nas áreas de gestão empresarial, não havendo estabelecimento de mandato. Já nas S.A. os diretores podem ser profissionais da área de administração mesmo não sendo sócios, mas a lei prevê que a gestão será transitória. O período do mandato não pode ser superior a três anos, devendo ser eleitos, ainda que permitida a reeleição.

O poder de decisão em uma Ltda. é definido por voto, sendo que o voto de cada sócio tem peso proporcional ao número de cotas que possua na integralização do capital social. Já na S.A., o poder dos sócios é definido pelo número de ações ordinárias que sejam possuídas, sendo apenas essas que dão direito a voto.

Há também a possibilidade de o sócio possuir ações denominadas preferenciais, porém essas não dão direito a voto e, portanto, não dão poder nas decisões corporativas. Na distribuição de lucros em uma Ltda., a decisão fica exclusivamente com os sócios por votação da maioria. Na sociedade limitada, o número mínimo de sócios deve ser dois, não havendo número máximo definido em lei, sendo que os sócios podem ser pessoas físicas ou jurídicas, nacionais ou estrangeiras.

No caso da distribuição de lucros de uma sociedade anônima, segundo a Lei das S.A., a empresa pode pagar um percentual de dividendos obrigatórios inferior a 25% do lucro líquido ajustado, mas para tal é preciso que o estatuto social defina outro percentual mínimo. No entanto, a maioria das empresas S.A. brasileiras distribui um mínimo de 25%.

Com o advento da Lei das S.A., em 1976, as empresas que não tinham no estatuto nenhuma referência a um dividendo obrigatório tinham duas opções: ou passavam a oferecer um dividendo obrigatório de 50%, ou teriam de fazer uma nova assembleia geral para redefinição do percentual. Porém, se a empresa decidisse estabelecer um percentual inferior a 25%, teria de permitir a retirada dos acionistas descontentes, recomprando suas ações, o que poderia significar um grande desembolso de caixa.

Dessa forma, a maioria das empresas optou por manter um dividendo obrigatório de 25%. Assim, na prática, as empresas constituídas anteriormente à vigência da Lei das S.A. pagam um dividendo obrigatório de 25%, sendo que, para as demais, o dividendo mínimo obrigatório deve estar definido pelo estatuto social (Rocha, 2011).

Outra diferença entre as empresas Ltda. e as S.A. tem a ver com a saída eventual do sócio. No caso das Ltda., o cotista tem o direito de sair a qualquer tempo da sociedade com reembolso integral do capital investido. No caso das S.A., o acionista só pode deixar a sociedade em caso de haver uma mudança substancial no estatuto, como redução do percentual de dividendo mínimo obrigatório, fusão da companhia e outros casos previstos na Lei das S.A. Naturalmente aí se considera o ressarcimento do valor inicialmente investido, mas nada impede que o acionista venda sua participação a terceiros a qualquer momento, passando a depender do valor que esses terceiros estejam dispostos a pagar.

As ações das S.A., como visto anteriormente, podem ser de duas naturezas: ações ordinárias, que dão obrigatoriamente direito a voto, e ações preferenciais, que, pela Lei das S.A., podem ter seu direito de voto restringido ou suprimido pelo estatuto, como é mais comum acontecer. Mas, tais ações deverão, por força de lei, oferecer uma vantagem econômica em relação às ordinárias, sendo permitido que a companhia estabeleça várias classes de ações preferenciais, cada uma dando uma vantagem distinta ao acionista. É permitido, ao titular das ações preferenciais, o comparecimento às assembleias da companhia, tendo preservado seu direito de opinar sobre as matérias, mas não podendo votar em suas deliberações. O art. 17, *caput* e incisos I a III, da Lei das S.A. estabelece que essas vantagens podem ser uma prioridade na distribuição do dividendo, que pode ser fixo ou mínimo, prioridade no reembolso do capital, com prêmio ou não, ou mesmo todas essas vantagens de forma acumulada (Ver: <www.portaldoinvestidor.gov.br>. Acesso em: 15 mar. 2016).

Dividendos fixos podem ser estabelecidos no estatuto, seja em valor monetário predeterminado, o que é mais raro em função da inflação, ou percentual certo do capital, ou percentual do valor do patrimônio líquido da ação. No caso da definição de um dividendo fixo, o acionista não tem direito a qualquer valor adicional que, existindo, será distribuído entre as ações ordinárias e as preferenciais de outra classe.

Dividendos mínimos são definidos de forma análoga aos dividendos fixos, com a grande diferença que, no caso de haver lucros adicionais a serem distribuídos, as ações com esses direitos serão elegíveis para participar desses lucros. Veja:

> Porém, ao contrário das ações com dividendo fixo, as que fazem jus ao dividendo mínimo participam dos lucros remanescentes, após assegurado às ordinárias dividendo igual ao mínimo. Assim,

após a distribuição do dividendo mínimo às ações preferenciais, às ações ordinárias caberá igual valor. O remanescente do lucro distribuído será partilhado entre ambas as espécies de ações, em igualdade de condições [Portal do Investidor, s.d.].

Dependendo do que foi definido no estatuto, os dividendos fixos ou mínimos podem ainda ser cumulativos ou não. No caso de serem cumulativos, se a empresa, no exercício fiscal, não tiver lucro suficiente para pagar parte ou a totalidade dos dividendos devidos, o valor faltante será acumulado para ser pago em exercícios futuros. O visto até agora refere-se a todas as companhias S.A., tanto de capital fechado quanto de capital aberto, ou seja, aquelas que têm suas ações negociadas na bolsa de valores. O art. 17, § 1º, da Lei das S. A. estabelece que, no caso específico das companhias abertas, as ações preferenciais deverão conferir aos seus titulares pelo menos uma das seguintes vantagens:

- direito a dividendo de 25% do lucro líquido, sendo 3% do valor do patrimônio líquido da ação garantidos como dividendo prioritário, e participar em condições de igualdade com as ações ordinárias, depois de pagos a elas o dividendo mínimo, na divisão dos lucros remanescentes a serem distribuídos;
- direito de receber dividendos pelo menos 10% superiores aos pagos às ações ordinárias;
- direito a serem incluídas na oferta pública no caso de alienação do controle da companhia.

O acionista de uma S.A. detém um percentual do capital social da empresa, mas se por acaso a empresa vier a aumentar seu capital, esse acionista tem preferência na aquisição das novas ações que forem ofertadas ao público. O objetivo é permitir ao acionista a manutenção do mesmo percentual do capital social, desde que esteja disposto a ingressar com mais recursos na empresa. Analogamente, os acionistas têm direito de preferência na hipótese de a empresa vir a emitir títulos que possam ser convertidos em ações, como debêntures conversíveis e bônus de subscrição. Esses últimos são títulos negociáveis que conferem aos titulares o direito de subscrever ações dentro do limite do capital social da empresa.

Os bônus de subscrição são diferentes dos direitos de subscrição, que são garantidos em lei por ocasião de uma nova emissão de ações pela empresa. Quando a empresa emite bônus de subscrição, o acionista pode adquiri-los, o que lhe dá um direito de comprar as ações a um determinado preço e durante um determinado prazo. Se o acionista não vier a exercer esse direito no prazo estabelecido, ele é extinto e a empresa não devolve o valor de aquisição dos bônus. Esses títulos podem ser negociados livremente em bolsa ou em mercados de balcão.

Outro benefício que a empresa pode dar ao acionista é a chamada bonificação, que pode ser feita na forma de distribuição de novas ações para cada ação possuída pelo acionista ou na forma de dinheiro. A contrapartida desse benefício é o acúmulo de lucros em uma conta contábil de reservas.

As bolsas de valores têm importância tanto para as empresas quanto para os investidores. Isso fica patente ao se notar que, diariamente, na Bovespa, o volume médio de recursos negociados atinge altas cifras. Para se ter uma ideia, a menor média negociada em 2015 ocorreu no dia 29 de julho e foi de R$ 6 bilhões ou US$ 1,59 bilhão considerado o câmbio do dia 8 de março de 2016 (conforme <www.g1.com>. Aceso em: 5 mar. 2016).

O motivo disso, por parte das empresas, é a existência de um canal de captação de recursos não exigíveis, isto é, os recursos captados pelas empresas com lançamentos de novas ações na bolsa passam a constituir o capital social da empresa e não podem ser exigidos pelos investidores que, eventualmente, terão grandes ganhos se essas empresas derem lucro ou arcarão com o risco de nada ganharem se as mesmas derem prejuízo. Os recursos captados por meio do lançamento de ações nas bolsas representam um recurso de baixo risco para a empresa, ainda que de alto custo. Na verdade, é uma forma de a empresa transferir o risco do financiamento de seus projetos para os investidores que, evidentemente, exigirão altas rentabilidades para correr o alto risco de fracasso dos investimentos das empresas. São denominados "capital próprio" os recursos advindos para a empresa por meio da colocação de ações no mercado.

Do ponto de vista do investidor, as bolsas de valores representam uma oportunidade de ser sócio das maiores empresas do país que, em última instância, representam as grandes máquinas de geração de riqueza do sistema capitalista. Essas máquinas captam recursos por meio da venda de ativos financeiros, como as ações, por exemplo, e investem esses recursos no financiamento de ativos reais, aqueles que são utilizados pelas empresas para a criação de riqueza. Posteriormente, essa riqueza criada é distribuída para os proprietários desses ativos financeiros. Enquanto o trabalho assalariado coloca um limite nos ganhos do trabalhador, os dividendos recebidos das empresas, das quais porventura venha comprar ações, só têm limites estabelecidos pelo sucesso dos empreendimentos da empresa.

Um exemplo extraordinário das possibilidades de ganhos do investidor pode ser vislumbrado na trajetória do advogado, filho de uma família simples de imigrantes espanhóis, Luiz Barsi Filho, que desde sua chegada ao Brasil, começou a montar uma carteira de ações com o único intuito de ganhar os dividendos dessas ações visando à aposentadoria, a chamada carteira previdenciária. A estratégia que apresentou em entrevista à *Folha de S.Paulo* em 8 de março de 2014 se baseia em comprar ações de empresa com bom histórico de pagamento de dividendos. Sua estratégia não é comprar esperando que os preços subam, mas de se beneficiar quando os preços caem, pois um mesmo dividendo esperado em relação a um preço menor do papel permite que a rentabilidade do investimento seja maior. Portanto, nas suas palavras: "Assim, quanto mais a Bolsa cai, mais eu ganho". Ele é um crítico severo do governo por incentivar o povo a aplicar na caderneta de poupança, pois isso gera acomodação. O que conseguiu obter, ele acredita ser possível para qualquer pessoa. Mas o que ele conseguiu?

Em 2013, a revista *Forbes* colocou Luiz Barsi Filho na lista de bilionários, ocupando a posição de número 120 da lista. Ele havia alcançado um patrimônio de R$ 1 bilhão aplicados em ações na bolsa brasileira. Segundo ele, sua receita exige apenas disciplina e paciência. Na verdade, tudo começou há quase 50 anos, quando começou a montar sua carteira, sempre mirando obter os ganhos de dividendos e juros sobre o capital próprio, que são pagos pelas empresas. A carteira dele é composta de apenas 15 papéis de diferentes setores. Ele orienta o investidor a comprar ações com histórico de uma gestão eficiente e bons resultados; dessa forma, o investidor reduz substancialmente o risco. Ele questiona diversos especialistas que costumam listar a bolsa como um investimento de alto risco e relembra o que ocorreu no Plano Collor em 1990. Segundo Barsi (*Folha de S.Paulo*, 2014), em seu primeiro dia de governo, o presidente Collor ditou uma lei que acabava com o cruzado novo e instituía o cruzeiro. Todas as aplicações em renda fixa se tornaram indisponíveis. Não era possível sacar as aplicações financeiras que estavam expressas em cruzados novos, pois a nova moeda era o cruzeiro. Tudo que era considerado garantido não teve garantia. Por outro lado, as aplicações consideradas de alto risco permaneceram ilesas. Não se mexeu com as ações. Um dia antes da edição do Plano Collor, era possível vender ações e receber em cruzado novo. No dia seguinte, vendiam-se os papéis e recebia-se em cruzeiro, como se não tivesse havido o "sequestro" das aplicações em renda fixa ou poupança, por exemplo.

SISTEMA FINANCEIRO NACIONAL

Procurando ainda mostrar seu raciocínio em termos de investimentos, Barsi respondeu a uma pergunta explicando por que não investia na Petrobras (*Folha de S.Paulo*, 2014). Seu argumento era de que a empresa deveria ter 60 mil funcionários, mas tinha 250 mil. Por isso, ele afirmava ter ações do grupo Ipiranga, que deveria funcionar com 30 mil pessoas e tinha 15 mil, uma empresa que tinha lucro e pagava dividendos. Em sua linha de argumentação, Barsi procura demonstrar que, sendo acionista, é um parceiro das empresas em que investe e que a grande vantagem é poder ganhar sem ter de administrar a empresa. Ele faz uma comparação entre a participação dos acionistas nos EUA e no Brasil. Mostra que há assembleias de empresas norte-americanas que chegam a reunir cerca de 40 mil pessoas em que os acionistas estão preocupados em participar do que está acontecendo na organização, enquanto no Brasil as assembleias costumam ser atendidas por uns poucos investidores.

Pensando bem, os argumentos do investidor Luiz Barsi Filho são de extrema lógica. Afinal, são as empresas, em última instância, que geram riquezas para o país. A grande maioria das pessoas ricas são aquelas proprietárias de empresas. Dessa maneira, ser acionista de uma empresa é poder partilhar da geração de riqueza produzida por ela. Na verdade, os cursos de administração mostram que o único objetivo de uma empresa, do ponto de vista financeiro, é tornar seus proprietários mais ricos. Se tomar os principais nomes dos homens mais ricos do Brasil, você poderá observar que são, em sua grande maioria, pessoas que controlam essas máquinas de geração de riqueza que são as empresas. Costuma-se invejá-los e observar o patrimônio que é aparente, como casas, carros e aviões, mas, por trás disso tudo, estão as ações que garantem a eles uma gorda fatia dos lucros gerados sistematicamente por suas empresas.

É interessante notar o caráter democrático do sistema gerido pelas bolsas. Quando o lucro de uma empresa é dividido, cada acionista recebe, por ação que possui, exatamente o mesmo valor

O MERCADO DE VALORES MOBILIÁRIOS

de dividendos. Assim, tudo depende apenas de quantas ações da empresa o investidor possui. Aquele que tem o dobro do seu vizinho, receberá, justificadamente, o dobro de dividendos depositados em sua conta. Infelizmente, porém, observa-se uma grande maioria de investidores olhando para as oportunidades geradas pela bolsa não como uma participação na empresa, mas apenas como se fosse um jogo de comprar por um preço e ficar esperando que o preço suba. Isso tem feito com que muitos novatos nas bolsas tenham perdido imensas somas de seus patrimônios, afugentando novos investidores individuais. Com uma população de aproximadamente 204 milhões de habitantes pelo último censo do Instituto Brasileiro de Geografia e Estatística (IBGE), o Brasil tem apenas cerca de 500 mil investidores em bolsa. Mais precisamente, em dezembro de 2011, havia 583.202 acionistas pessoas físicas investindo na Bovespa, representando um percentual de participação inferior a 0,3% da população. Por outro lado, o Chile, com uma população estimada em aproximadamente 18 milhões de habitantes, possui cerca de 1,5 milhão de investidores em ações, representando mais de 8% da sua população (Rocha, 2011).

A história da origem das bolsas não tem registro preciso, mas remonta seus primórdios ao início das civilizações gregas e romanas. Nos mercados, muitas vezes a céu aberto, dessas civilizações, eram negociados principalmente mercadorias, moedas e alguns títulos de propriedade e de dívida. Essas negociações eram inicialmente feitas de forma pouco estruturada e ocorriam por meio de encontros pessoais entre os interessados em fazer alguma transação, que, então, apregoavam suas intenções de viva voz para que o maior número de pessoas pudesse tomar conhecimento.

No final do século XV, Portugal e, mais especificamente, sua capital, Lisboa, atuava como um dos mais importantes centros de comércio na Europa (Barcellos e Azevedo, 2011). Eram lá, principalmente, negociados mercadorias, moedas e seguros, com concentração, sobretudo, na chamada Rua Nova dos Mercadores, no centro da capital. Mas a expulsão dos judeus que não quiseram se converter ao catolicismo, determinada pelo rei d. Manuel, O Venturoso, em 1947, viria a impedir que a capital portuguesa tivesse um futuro brilhante como grande centro financeiro internacional nos nossos dias. Isso porque os judeus não só tinham uma tradição milenar no comércio, mas também possuíam os relacionamentos importantes para a realização de substanciais volumes de operações comerciais.

A grande maioria desses judeus se dirigiu para Londres, e um número significativo atuou na fundação da cidade de Nova York. Não é, portanto, de se espantar que essas duas cidades tenham se tornado, nos dias de hoje, dois dos mais importantes centros financeiros internacionais. Dessa maneira, pode-se atribuir aos portugueses o que veio a ser, para a nação portuguesa, um dos mais dramáticos erros estratégicos que um país poderia cometer, abdicando de uma posição de destaque já alcançada na época (Barcellos e Azevedo, 2011).

Assim, a capital portuguesa privilegiou a religiosidade em detrimento da liberdade econômica, que já despontava como um impulso para o desenvolvimento da riqueza no Ocidente. Essa mentalidade foi trazida para a colônia do Brasil e imperou por aproximadamente 300 anos. Com atraso, a partir somente de 1700, começou a florescer, no Rio de Janeiro, um grande comércio atacadista.

Com a vinda da família real portuguesa para o Brasil em 1808, o comércio ganhou grande impulso, embora, em sua maioria, focado no tráfico de escravos vindos da costa ocidental africana. Já havia, então, um conjunto de empresas que era conhecido como Corpo do Comércio e que viria, no futuro, dar origem à Bolsa do Rio.

D. João VI, logo após sua chegada, promoveu, com a criação do Banco do Brasil, a primeira emissão de ações em um total de 1.200 títulos. Curiosamente, na época, o Banco do Brasil não tinha a característica estatal que tem nos dias de hoje. Sua primeira diretoria eleita foi constituída sem a maioria do governo. No entanto, não houve interesse na subscrição das ações do Banco do Brasil, o que levou a Coroa a fazer sua promoção por meio de ofertas de vantagens de honrarias aos que se interessassem pelos papéis. Mesmo assim, foram necessários quase 10 anos para que todos os 1.200 títulos fossem subscritos.

Em 1809, por determinação do príncipe regente, houve a construção da chamada Praça do Comércio, que atuaria com as características do que hoje se conhece como bolsa de valores. Mantendo a tradição burocrática que se tem até hoje, a obra só teve início 10 anos depois de ter sido determinada. Finalmente, a Praça do Comércio foi inaugurada em 14 de julho de 1820. Situava-se em um prédio em frente à igreja da Candelária. Hoje, esse prédio abriga a Casa França Brasil (Barcellos e Azevedo, 2011).

A cidade de Salvador, na Bahia, conseguiu antecipar-se ao Rio de Janeiro, tendo inaugurado sua Praça do Comércio em 1817, três anos antes do Rio de Janeiro.

Na época, os negócios feitos não envolviam títulos nem públicos nem privados, com exceção das 1.200 ações do Banco do Brasil que tanto demoraram para ser subscritas. Na sua maioria, eram negócios que envolviam fretes de navios, seguros e câmbio de moedas. Os primeiros títulos públicos do Império do Brasil seriam lançados em 1828. Esse lançamento hoje é considerado o evento que efetivamente deu início ao mercado de capitais no Brasil.

As primeiras sociedades anônimas surgiram no final da década de 1830. Uma das mais importantes foi a Imperial Companhia de Estrada de Ferro, cujo primeiro projeto era de ligação da cidade do Rio de Janeiro à cidade de São Paulo.

Problemas políticos surgidos entre os comerciantes e o governo fizeram com que eles abandonassem os negócios na Praça do Comércio e começassem a se reunir na rua da Alfândega. A partir

SISTEMA FINANCEIRO NACIONAL

do final de 1834, houve mudança para um novo estabelecimento com o nome de Sociedade dos Assinantes da Praça, entidade com constituição jurídica, em vez de apenas o nome de referência "Corpo do Comércio".

No dia 28 de dezembro de 1813, nascia o homem que viria a ser considerado o mais importante como impulsionador do mercado de capitais no Brasil: Irineu Evangelista de Souza, também conhecido como barão de Mauá (1854) e, posteriormente, visconde de Mauá (1874). Ele foi um grande banqueiro e empreendedor que, para poder financiar seus negócios, utilizou o lançamento de títulos, mantendo uma proximidade muito grande com a Sociedade dos Assinantes da Praça, tendo sido seu presidente no biênio 1846-47. Em 1852, chefiou a Junta de Corretores e conseguiu alcançar o número, impressionante para a época, de 618 acionistas. Com sua visão liberal e associativa da economia, costumava colocar corretores em postos de comando de suas empresas. O barão de Mauá tinha uma visão clara da importância da bolsa de valores para o desenvolvimento das empresas e da economia do país. Dessa forma, atuava ativamente na compra e venda de ações das empresas que haviam sido capitalizadas com lançamentos públicos de ações.

Para o desenvolvimento do país no Segundo Reinado, seu sucesso como empreendedor foi considerado especulativo e merecedor de reprovação. A Lei nº 1.083, de agosto de 1860, ficou conhecida como a Lei dos Entraves, pelas imensas dificuldades que criava para o surgimento de novas sociedades anônimas e negociação de suas ações. Por mais absurdo que possa parecer hoje em dia, o principal objetivo da lei era evitar a expansão de novas empresas na forma de sociedades anônimas. A Lei dos Entraves conseguiu atrasar o desenvolvimento do mercado de capitais no Brasil por, pelo menos, duas décadas, tendo sido derrubada em 1880.

A abolição da escravatura pela princesa Isabel em 1888 e, no ano seguinte, a proclamação da República viriam trazer de volta a liberalidade que permitiria um novo avanço, provocando uma onda de otimismo na sociedade. No início de 1888, havia 95 sociedades anônimas que podiam negociar seus títulos na bolsa, não necessitando de qualquer formalidade para isso. Mudanças sociais criaram grande interesse por novas emissões de papéis, que se esgotavam rapidamente.

Nessa época, Ruy Barbosa era o primeiro ministro da Fazenda da nova República, e ainda havia muitas negociações de ações feitas nas calçadas e recintos da rua da Alfândega, fora das instalações da bolsa. Surgiam, todos os dias, novas companhias financiadas por meio de lançamento público de títulos. Essas empresas eram de todas as áreas, desde a construção civil, passando por mineradoras, navegação, têxteis, estradas de ferro, comércios, centros de entretenimento e mesmo um hipódromo de corridas de cavalo. Esse período ficou conhecido como um período especulativo denominado Encilhamento. A grande figura de destaque dessa época foi Francisco de Paula Mayrink, conhecido por todos como conselheiro Mayrink. Ele foi o maior banqueiro de investimentos da época e grande seguidor das ideias de Mauá, que viria a falecer em 21 de outubro de 1889, pouco antes da proclamação da República, com 75 anos. Na ocasião, o conselheiro Mayrink estava no auge dos seus 50 anos de vida.

Outras figuras de destaque no lançamento de ações foram Paulo de Frontin, que chegou a ser prefeito do Rio de Janeiro; Henry Lowndes; e os irmãos Cândido e Fernando Mendes de Almeida, que, juntos, lançaram no mercado 21 companhias.

Em um levantamento do desenvolvimento econômico do Brasil, feito pelo jornal *O Globo*, na sua edição de 12 de março de 2010, no "Caderno de Economia", é mostrado que o governo do marechal Deodoro da Fonseca ostenta um crescimento médio anual de mais de 10% ao ano no PIB do país. Acredita-se que o impulso dado na criação de novas empresas pela bolsa do Rio por meio de investimentos privados foi fundamental para esse forte desenvolvimento da economia. Em apenas três anos, de 1888 a 1891, as companhias negociadas em bolsa aumentaram de 95 para 456, quase quintuplicando seu número.

É importante notar que esse desenvolvimento do mercado de capitais não ficou restrito ao Rio de Janeiro, mas ocorreu praticamente em todo o país. Em São Paulo, deu-se o evento mais liberal com a criação, em 23 de agosto de 1890, da Bolsa Livre de São Paulo, sem qualquer incentivo, apoio ou intervenção estatal. Ela surgiu por meio da liderança de Emílio Rangel Pestana, que se reuniu a mais 93 corretores e agentes privados. A grande inovação dessa bolsa foram as regras consistentes que ofereciam garantias a todos aqueles que ali desejassem operar. Comparado com os dias de hoje, é curioso observar que o pregão durava, diariamente, apenas meia hora, iniciando-se às 14h. Todas as negociações eram divulgadas publicamente por meio de um registro em um quadro-negro.

Mas a liberalidade não duraria muito. Com a demissão de Ruy Barbosa da pasta da Fazenda, assumiu um burocrata, Alencar Araripe, que, em um estilo já culturalmente conhecido, começou estabelecendo um imposto de 3% sobre operações futuras. Isso provocou uma derrubada dramática das bolsas brasileiras.

Os corretores cariocas tiveram um papel importante nessa ocasião. Eles fizeram uma greve e conseguiram, em apenas uma semana, a revogação da medida tomada pelo ministro Araripe. De qualquer forma, as perdas ocorridas para os investidores, aliadas à consciência do estrago que a intervenção estatal poderia provocar a qualquer momento, fez com que, mesmo com a retirada do imposto, as bolsas não viessem a se recuperar. O entusiasmo com o mercado de capitais terminara. O pior ocorreria no final de 1891, quando a Bolsa Livre de São Paulo teve de encerrar suas atividades, depois de apenas pouco mais de um ano de atuação, devido, em parte, ao esvaziamento provocado pelo imposto e,

O MERCADO DE VALORES MOBILIÁRIOS

também, pela inadimplência dos sócios quanto à taxa de manutenção da entidade.

No governo de Floriano Peixoto, houve uma perseguição à maioria dos liberais, o que levou Ruy Barbosa a se exilar. Henry Lowndes teve de se esconder na Amazônia e teve todos os seus bens tomados. Em 1895, foi editado o Decreto nº 354, que, juntamente com um regulamento publicado dois anos depois, provocou mudanças na bolsa e na profissão de corretor, mas, em sua maioria, as mudanças eram apenas cosméticas, como trocas de nomes. A Junta de Corretores passou a se chamar de Câmara Sindical. Essa nova regulação, com pequenas mudanças, vigorou até sua mudança com a Lei nº 4.728, de 14 de julho de 1965, promulgada durante a ditadura militar.

Em 1895, uma nova bolsa, denominada Bolsa de Fundos Públicos, foi criada na cidade de São Paulo por meio da iniciativa do presidente da Associação Comercial de São Paulo, Antônio Proost Rodovalho. O regimento interno foi aprovado pelo governo, que estabeleceu a nomeação dos corretores pelo poder público, com critérios sempre sujeitos aos interesses políticos.

Nesse período, os cargos de corretores eram vitalícios e, a partir de 1930, com direito a nomearem sucessores, geralmente parentes e amigos próximos, no melhor estilo cartorial. Sem ter seus empregos ameaçados, esses corretores não tinham interesse ou incentivo para modernizar as práticas de mercado. Dessa forma, era eliminada qualquer tentativa de competição e, internamente, havia um código de ética não formalizado, que fazia com que um corretor jamais interferisse com o cliente de outro. O número de corretores foi mantido fixo em 40 desde 1890 até a década de 1960. A diferença é que, em 1890, a população de São Paulo possuía apenas 500 mil habitantes, enquanto nos anos de 1960 já atingia 3,5 milhões.

Dessa forma, no Brasil, durante as primeiras décadas do século XX, poucas empresas eram constituídas como sociedades anônimas e, menos ainda, procuravam ter registro em bolsa. O mercado começou a perder um pouco da sua letargia a partir de 1940, quando foram lançadas as primeiras estatais como a Cia. Siderúrgica Nacional e a Cia. Vale do Rio Doce. Já na década de 1950, o mercado foi agitado com a criação do BNDE e da Petrobras. O Decreto-Lei nº 9.792, de 6 de setembro de 1946, passou a obrigar todas as sociedades anônimas, inclusive as de capital fechado, a serem registradas em bolsa. Essa obrigatoriedade fez com que, na Bolsa de São Paulo, o número de novas empresas listadas saltasse de 300 para 2.180. Esse decreto-lei permitiu que as bolsas pudessem arrecadar taxas compulsórias, o que fez com que um grande número de estados criasse suas bolsas quase com o único propósito de arrecadação das taxas. A grande maioria delas não tinha qualquer função prática, a não ser permitir o registro que era obrigatório para as sociedades anônimas. Essa regulação permaneceu durante 20 anos, até 1966.

Foi o regime militar iniciado em 1964 que acabou com o sistema cartorial que começou a existir em 1846, estendendo-se por mais de um século.

Um novo alvorecer para o mercado de capitais no Brasil surgiria com a Lei nº 4.728, de 14 de julho de 1965, chamada de Lei do Mercado de Capitais. Essa lei reintroduziu o aspecto competitivo e deu um impulso formidável às bolsas de valores brasileiras. Sob essa nova legislação é que ocorreu a crise provocada pela bolha no mercado de capitais em 1971. Tentando corrigir esses desvios, surgiu a Lei nº 6.404, de 15 de dezembro de 1976, denominada Lei das Sociedades Anônimas.

Vale destacar que o mercado de ações, para que possa operar com agilidade e segurança, exige a existência de agentes econômicos especializados nas transações com ações e outros valores mobiliários, com destaque para as corretoras.

Corretoras

As corretoras de títulos e valores mobiliários, conhecidas como CTVMs, são as empresas responsáveis pela intermediação entre investidores e as operações a serem feitas nas bolsas de valores. A fiscalização dessas empresas está a cargo do Bacen e da CVM. A principal intermediação feita pelas CTVMs é de compra e venda de ações, que hoje é feita integralmente de forma eletrônica. A imagem dos corretores gritando no pregão da bolsa é uma imagem do passado, quando ainda não havia tecnologia suficiente para organizar as operações de forma eletrônica.

As CTVMs mantêm contato com as câmaras de compensação, as *clearing houses*, que efetivam a liquidação financeira dos papéis. Dessa forma, as CTVMs precisam ter uma forte estrutura de tecnologia de informação para transferir recursos de seus clientes para a efetiva liquidação financeira. Analogamente, para poder atender às demandas dos investidores por orientação, elas possuem um grupo especializado de analistas de valores imobiliários. O principal papel desses analistas é acompanhar o mercado, procurando indicar para os clientes as melhores oportunidades de investimentos dentro do perfil particular de cada um. Considerando interesses específicos por determinados investimentos, os analistas os estudam dentro da conjuntura econômica do momento e formulam suas recomendações. Esses profissionais só podem atuar após a obtenção do certificado nacional dos profissionais de investimentos (CNPI). Eles não fazem contato direto com os clientes, mas repassam as informações para os agentes autônomos de investimentos, os AAIs, que atuam da mesma forma que um gerente de banco o faz junto aos seus clientes, ou seja, como um gestor do relacionamento da CTVM com o cliente.

Os produtos oferecidos por uma CTVM aos investidores são: negociação com ações; contratos futuros; contratos de *commodities*; previdência privada; fundos de investimentos; fundos imobiliários;

SISTEMA FINANCEIRO NACIONAL

produtos de renda fixa, como certificados de depósitos bancários, títulos públicos e debêntures; lançamentos de ações de novas empresas no mercado, os chamados IPOs; e operações também no mercado internacional.

Em contrapartida, por esses serviços prestados, as CTVMs cobram uma taxa chamada de "taxa de corretagem", que costuma ser fixa, se o investidor decidir dar as ordens utilizando um sistema chamado de *home broker*. Esse sistema é um programa de computador da corretora que permite que o investidor, previamente inscrito como cliente, entre no sistema e diga quais as compras ou vendas de produtos que deseja fazer. Em outras palavras, o *home broker* é um sistema eletrônico de intermediação entre o investidor e o agente autônomo de investimentos que atende à sua conta.

Geralmente, no caso de o investidor preferir um serviço mais personalizado, a taxa de corretagem costuma ser variável, dependendo dos valores a serem investidos. Naturalmente, as CTVMs cobram taxas percentuais menores para valores maiores. Essas taxas são decrescentes para diferentes faixas de valores a serem investidos em uma determinada operação, começam em 2% para pequenos valores e sendo reduzidas até 0,5% para a faixa que se estende acima de uma determinada quantia.

No organograma do Sistema Financeiro Nacional, as CTVMs ficam debaixo da Superintendência de Seguros Privados (Susep), juntamente com as seguradoras e as distribuidoras de títulos e valores mobiliários, que serão mencionadas a seguir.

Historicamente, pode-se considerar a primeira operação de corretagem no Brasil, o lançamento de títulos, organizado por três jovens profissionais. Tratava-se de títulos do Tesouro que pagavam 6% a.a. de juros e que vieram a ser arrematados com deságio, elevando dessa forma o rendimento para 9,2% a.a. Dois deles vieram, futuramente, a receber o título de conde. Um deles viria a ser o conde de Bonfim e o outro o conde de Itamaraty.

O MERCADO DE VALORES MOBILIÁRIOS

Pela primeira vez, a legislação brasileira reconheceu a profissão de corretor em 1845. Esses corretores operavam nas instalações da Sociedade dos Assinantes da Praça. Cinco anos depois, em 1850, foi constituída a Junta dos Corretores. Muitos desses corretores eram estrangeiros que tiveram de se naturalizar brasileiros para continuar a operar. Em junho de 1850, entrou em vigor o Código Comercial que, surpreendentemente, permitia que comerciantes operassem de forma independente, sem a intermediação de corretores. Foi somente em torno de 1860 que passou a haver a obrigatoriedade da participação destes em qualquer operação que envolvesse valores mobiliários.

Outro agente relevante para dar a fluidez necessária ao mercado de valores mobiliários são as distribuidoras de valores.

Distribuidoras

As distribuidoras de títulos e valores mobiliários, conhecidas pela sigla DTVMs, são companhias que podem ser constituídas tanto na forma de sociedades anônimas quanto na forma de sociedades por cotas de responsabilidade limitada. A supervisão dessas empresas é feita tanto pelo Bacen (ou BCB) quanto pela CVM. Hoje em dia, as DTVMs têm praticamente as mesmas funções das CTVMs. No passado, quando as bolsas brasileiras ainda não eram constituídas na forma de sociedades anônimas, as CTVMs eram as únicas empresas que tinham autorização para nelas operar. Isso pelo fato de que eram as sócias das bolsas, detendo a propriedade das mesmas. Mais recentemente, com a mudança da constituição das bolsas brasileiras para a forma de sociedades anônimas, inclusive com ações listadas no mercado, as DTVMs passaram, também, a poder operar na bolsa. Dessa forma, a diferença entre as duas passou a ser, basicamente, de volume de exigência de capital social

113

mínimo para seu funcionamento. Ou seja, das CTVMs é exigido um volume de capital social significativamente maior do que das DTVMs. A princípio, então, as DTVMs teriam seu foco principal na distribuição de títulos lançados ao mercado, sendo a operação em bolsa uma função marginal. Já as CTVMs têm seu foco principal na negociação nas bolsas. Há no mercado, inclusive, a ideia de, futuramente, extinguir-se essa divisão.

Em resumo

O mercado de valores mobiliários é um dos segmentos mais ágeis do sistema financeiro. Ao mesmo tempo, é o segmento que possui o maior potencial de democratizar o acesso da população em geral ao capital das empresas. Seu funcionamento se dá em torno da figura das bolsas, mas requer agentes especializados, como corretoras e distribuidoras.

Via de regra, os valores mobiliários representam tanto uma alternativa relevante de capitalização para as empresas quanto uma ferramenta de diversificação do portfólio dos poupadores.

Adicionalmente, a aquisição de ações é uma alternativa para fundos de pensão, pois podem ser mantidas nas carteiras desses fundos por longos períodos, convertendo dividendos em fluxos para o pagamento de benefícios.

Em síntese, o mercado de valores mobiliários cumpre funções específicas, muitas delas ligadas ao financiamento do investimento e à manutenção de ativos para a poupança privada de longo prazo.

5
O mercado dos fundos de investimento

Os fundos de investimento financeiros são uma das aplicações mais utilizadas no Brasil, especialmente pelas famílias de classe média. Mas, é comum que a maioria dos aplicadores desconheça diversas características desse tipo de aplicação financeira. Nos *sites* dos bancos, quando alguém escolhe um fundo para aplicar, sempre vê uma tela ou janela pedindo que esse poupador declare estar ciente do regulamento do fundo. Mas, qual de nós, leitor, lê com atenção aqueles textos? Essa combinação de relevância e desconhecimento faz com que o conteúdo deste capítulo seja essencial para qualquer um que queira compreender, de fato, o Sistema Financeiro Nacional.

Por conta disso, o objetivo do capítulo é complementar a discussão feita nos anteriores. E isso, em boa medida, pelo fato de que as operações dos fundos de investimento envolvem bancos, corretoras, bolsas de valores e de futuros, entre outros agentes financeiros. Como regra, os bancos são os gestores dos fundos que, de fato, têm personalidade jurídica própria. Mas as operações com títulos públicos, típica dos fundos de renda fixa e de pensão, e com valores imobiliários, típica dos fundos de renda variável, exigem a participação de corretoras ou operadores no mercado de títulos públicos.

Ao final do capítulo, esperamos que você, leitor, tenha se inteirado da complexidade da "indústria dos fundos". Esperamos,

SISTEMA FINANCEIRO NACIONAL

também, ter oferecido uma visão ampla das diversas modalidades de fundos de investimento, suas regras, restrições e relevância.

Características gerais dos fundos de investimento

Fundo de investimento é um tipo de aplicação financeira que reúne recursos de um conjunto de aplicadores (chamados cotistas). Tais recursos são geridos por um agente especializado (chamado administrador), com o objetivo de obter ganhos com a compra e venda de títulos e valores mobiliários, de cotas de outros fundos ou de bens imobiliários, seja no Brasil ou no exterior. Essa é uma das características definidoras desse tipo de aplicação financeira: a aplicação coletiva de recursos por um conjunto de aplicadores que delegam ao gestor as operações necessárias com títulos e/ou valores mobiliários.

As normas em vigor relativas aos fundos de investimento estabelecem definições e classificações que se abrem como os ramos de uma árvore. Assim, a definição mais ampla de fundo de investimento em vigor na atualidade foi estabelecida pela Instrução Normativa (IN) CVM nº 555/2014, capítulo III, seção I, art. 3º. Esse documento estabelece que o "fundo de investimento é uma comunhão de recursos, constituído sob a forma de condomínio, destinado à aplicação em ativos financeiros".

A partir dessa caracterização genérica, a mesma instrução estabelece que:

> O fundo pode ser constituído sob a forma de condomínio aberto, em que os cotistas podem solicitar o resgate de suas cotas conforme estabelecido em seu regulamento, ou fechado, em que as cotas somente são resgatadas ao término do prazo de duração do fundo [IN CVM nº 555/2014, cap. III, seção I, art. 4º].

O MERCADO DOS FUNDOS DE INVESTIMENTO

Mas existem ainda os fundos de investimento em cotas de fundos de investimento. Essa modalidade lembra a figura de uma caixa contida em outra caixa. Esses fundos devem manter, no mínimo, 95% de seu patrimônio investido em cotas de outros fundos de investimento (Instrução CVM nº 555, art. 2º, XXVI). No entanto, existe uma limitação importante que veda a aplicação cruzada. Em outras palavras, um fundo não pode aplicar seu patrimônio em cotas de um fundo que invista nele mesmo. Por sua vez, os fundos exclusivos são uma exceção à característica de multiplicidade de aplicadores, pois recebem aplicações de um único cotista (Instrução CVM nº 555, seção II, art. 130).

O montante total de recursos aplicados em um fundo por seus vários cotistas constitui o chamado patrimônio do fundo. Contabilmente, esse montante é convertido em cotas, isto é, frações desse patrimônio, as quais se tornam parte do ativo dos investidores que aplicam seus recursos no fundo. Assim, cada aplicador (cotista) possui um número de cotas proporcional ao valor aplicado por ele. Portanto, quanto maior o valor investido, mais cotas cada investidor terá.

Exemplo:
Um investidor aplica R$ 5.000,00 em cotas de determinado fundo de investimento que, na data da aplicação, possui um patrimônio líquido de R$ 6 milhões e 3 milhões de cotas. A partir dessas informações é possível calcular:
a) valor da cota = patrimônio líquido ÷ número total de cotas.
    O valor da cota na data da aplicação: R$ 6.000.000,00 ÷ 3.000.000 = R$ 2,00.
b) número de cotas = valor aplicado ÷ valor da cota.
    O número de cotas adquiridas pelo investidor: R$ 5.000,00 ÷ R$ 2,00 = 2.500 cotas.
Ver <http://br.advfn.com>.

O valor da cota dos fundos de investimento é recalculado diariamente mediante a simples divisão do valor de seu patrimônio líquido, isto é, o valor dos títulos e valores mobiliários em carteira, pelo número de cotas dos aplicadores.

SISTEMA FINANCEIRO NACIONAL

Por sua vez, o patrimônio líquido do fundo deve considerar, em seu cálculo, não apenas a soma do valor dos ativos, mas também as obrigações, inclusive despesas relativas à sua administração, que constituem a remuneração do administrador ou gestor do fundo. Em outros termos, as chamadas taxas de administração são uma dedução feita sobre o rendimento dos ativos, tendo em vista remunerar o gestor do fundo. A Instrução CVM nº 555 se refere especificamente a essa contabilização, necessária para calcular o patrimônio líquido do fundo. O termo utilizado na norma é "apropriação", definida como "registro de despesa incorrida pelo fundo, independentemente da efetuação do pagamento, em conformidade com o regime de competência" (art. 2º, IV). Essa apropriação inclui, além da taxa de administração, outras "despesas específicas que podem ser debitadas diretamente do fundo e não estão inclusas na taxa de administração" (art. 2º, XXI).

A CVM também prevê, no mesmo normativo (art. 8º, I a VII), alguns elementos obrigatórios para a constituição de fundos de investimento. Assim, todo fundo deve ter como elementos estruturais compulsórios:

- regulamento, elaborado de acordo com as disposições da CVM;
- declaração do administrador do fundo de que o regulamento está plenamente aderente à legislação vigente;
- dados relativos ao registro do regulamento em cartório de títulos e documentos;
- declaração do administrador, se for o caso, de que firmou os contratos de prestação de serviços especializados (detalhados adiante) e de que esses contratos se encontram à disposição da CVM;
- nome do auditor independente;
- inscrição do fundo no CNPJ;

- relação de informações essenciais, elaborada de acordo com as normas da CVM, no caso de fundo aberto, isto é, que não seja destinado exclusivamente a investidores qualificados.

Como visto no capítulo 2, a criação dos bancos de investimento, por força da Lei nº 4.728/1965, tinha por objetivo desenvolver a indústria de fundos de investimento. Mas, na atualidade, os chamados bancos múltiplos, também abordados naquele capítulo, são os típicos gestores dos fundos de investimento.

Como funcionam os fundos: administradores, gestores, cotistas, ativos

Agora, que já foram expostas as principais características da indústria dos fundos, é possível avançar no sentido de detalhar a relação entre os agentes envolvidos e suas relações. Em outros termos, deve-se voltar a atenção para a questão: como os fundos funcionam?

A mesma IN nº 555 da CVM, em seu capítulo II, caracteriza os agentes econômicos envolvidos na operação dos fundos de investimento. Essas definições são fundamentais para compreender as relações contábeis, econômicas e mesmo jurídicas que definem sua operação.

Em primeiro lugar, os fundos devem operar com títulos e valores mobiliários transacionados em "mercados organizados", que a norma em comento define como:

Mercados organizados de valores mobiliários, que compreendem as bolsas de valores, bolsas de mercadorias e futuros e mercados de balcão organizados, autorizados a funcionar pela CVM, nos termos de instrução específica [IN CVM nº 555, art. 2º, XXXIV].

SISTEMA FINANCEIRO NACIONAL

A denominação do fundo deve estar diretamente vinculada às características de risco de sua carteira. Assim, um fundo de renda fixa não poderia ter predominantemente, em seu patrimônio, ativos de maior risco, como ações, por exemplo (art. 108).

Como visto, a carteira do fundo é constituída pelo conjunto de ativos financeiros em seu ativo. De um lado, o valor da carteira também é chamado de patrimônio (elemento quantitativo). Ao mesmo tempo, a composição dessa carteira (elemento qualitativo) está diretamente ligada ao rendimento esperado e ao risco suportado pelos cotistas.

O administrador do fundo é uma "pessoa jurídica autorizada pela CVM para o exercício profissional de administração de carteiras de valores mobiliários e responsável pela administração do fundo" nos termos da IN CVM nº 555, art. 2º, I e do art. 23 da Lei nº 6.385/1976. Assim, muito embora as aplicações em fundos sejam tipicamente feitas por meio dos *sites* dos bancos na internet, estes são tão somente os gestores, mas o fundo tem personalidade jurídica que não se confunde com a de seu administrador. O administrador, independentemente de suas responsabilidades definidas pelas normas em vigor, pode contratar um gestor de carteira para operar especificamente com os ativos do fundo. Nesse caso, as figuras do administrador e do gestor se dissociam. Ainda assim, o administrador é o responsável pela constituição e funcionamento dos fundos e por sua interface com as autoridades regulatórias, especificamente a CVM.

Um aspecto de interesse, já citado, é a relação dos fundos com outros agentes do sistema financeiro, muitos deles tratados nos capítulos anteriores. Assim, o administrador pode recorrer, em nome do fundo, a terceiros devidamente habilitados e autorizados pelas autoridades regulatórias competentes, mas somente com o objetivo de prestar os seguintes serviços (IN CVM nº 555, art. 78, § 2º):

I – gestão da carteira do fundo;
II – consultoria de investimentos [...];
III – atividades de tesouraria, de controle e processamento dos ativos financeiros;
IV – distribuição de cotas;
V – escrituração da emissão e resgate de cotas;
VI – custódia de ativos financeiros;
VII – classificação de risco por agência de classificação de risco de crédito; e [...]

Os fundos administrados por instituições financeiras não precisam contratar os serviços de tesouraria, controle e processamento dos ativos transacionados, nem de escrituração da emissão e resgate de cotas quando os mesmos forem executados pelos seus administradores, que, nesses casos, são considerados autorizados para tanto. Mas a contratação de serviços de auditoria independente é obrigatória.

Compreende-se, assim, por que qual motivo os bancos são os grandes responsáveis pela gestão dos fundos de investimento. A gestão desses fundos pode se servir das competências dos bancos em cada uma dessas atividades e serviços. Por exemplo: a distribuição de contas se dá por meio de operações vinculadas às contas-correntes. Daí a impressão errônea, que muitos têm, de que a aplicação em fundos é uma aplicação em ativos bancários. Na verdade, trata-se de uma aplicação coletiva em títulos e valores mobiliários administrada pelo banco.

A IN CVM nº 555 caracteriza as atividades de administração do fundo. Estas compreendem

o conjunto de serviços relacionados direta ou indiretamente ao funcionamento e à manutenção do fundo, que podem ser prestados pelo próprio administrador ou por terceiros por ele contratados, por escrito, em nome do fundo [art. 78, *caput*].

SISTEMA FINANCEIRO NACIONAL

Os títulos e valores mobiliários que podem ser negociados na gestão dos fundos incluem uma gama variada de ativos negociados nos mercados organizados, dentro e fora do país. Segundo aquela mesma norma (Instrução CVM nº 555, art. 2º, V), esses ativos incluem os seguintes títulos e valores mobiliários:

- títulos da dívida pública, ativo mais típico dos chamados fundos de renda fixa;
- contratos derivativos, os quais derivam parte relevante de seu valor de outro ativo subjacente. Esse ativo subjacente pode ser físico (*commodities* diversas, ouro etc.) ou financeiro (ações, índices, taxas de juros etc.). Assim como existem fundos de investimento em cotas de outros fundos de investimento, um derivativo pode ser constituído a partir de outro derivativo;
- ações, debêntures, bônus de subscrição, cupons, direitos, recibos de subscrição e certificados de desdobramentos, certificados de depósito de valores mobiliários, cédulas de debêntures, cotas de fundos de investimento, notas promissórias, e quaisquer outros valores mobiliários, desde que a emissão ou negociação tenha sido objeto de registro ou de autorização pela CVM;
- títulos ou contratos de investimento coletivo, registrados na CVM e ofertados publicamente, que gerem direito de participação, de parceria ou de remuneração, inclusive resultante de prestação de serviços, cujos rendimentos advêm do esforço do empreendedor ou de terceiros;
- certificados ou recibos de depósitos emitidos no exterior com lastro em valores mobiliários de emissão de companhia aberta brasileira;
- ouro, ativo financeiro, desde que negociado em padrão internacionalmente aceito;

- quaisquer títulos, contratos e modalidades operacionais de obrigação ou coobrigação de instituição financeira;
- *warrants*, isto é, contratos mercantis de compra e venda de produtos, mercadorias ou serviços para entrega ou prestação futura, títulos ou certificados representativos desses contratos e quaisquer outros créditos, títulos, contratos e modalidades operacionais desde que expressamente previstos no regulamento.

Em complemento ao já discutido no capítulo 4, vale destacar a definição de ativos mobiliários, uma das "matérias-primas" dos fundos de investimento.

O art. 2º da Lei nº 6.385/1976, com as alterações feitas pela Lei nº 10.303/2001, define como valores mobiliários documentos emitidos por empresas ou outras entidades (públicas ou privadas), que representam um conjunto de direitos e deveres aos seus titulares e que podem ser comprados e vendidos nos mercados de valores mobiliários.

Estão expressamente excluídos do mercado de valores mobiliários os títulos da dívida pública federal, estadual ou municipal e os títulos cambiais de responsabilidade de instituição financeira, exceto as debêntures.

Os fundos podem, ainda, compor suas carteiras com ativos financeiros adquiridos e negociados no exterior, desde que tenham natureza econômica assemelhada a ativos financeiros negociados no Brasil, referidos anteriormente. Nesse caso, a possibilidade de o fundo operar com ativos no exterior deve estar expressamente prevista em seu regulamento. Os chamados BDRs – *Brazilian depositary receipts* são considerados pela CVM como ativos no exterior. Esses papéis são certificados de depósito de valores mobiliários emitidos no Brasil, mas que representam valores mobiliários de emissão por companhias abertas com sede no exterior. Sua emissão

SISTEMA FINANCEIRO NACIONAL

é lastreada em valores mobiliários custodiados no país de origem por instituições custodiantes locais, as quais são responsáveis por mantê-los. e passam a ser negociados de forma indireta no mercado brasileiro por meio dos BDRs.

A CVM reconhece que os ativos financeiros negociados em países signatários do Tratado de Assunção, que criou o Mercosul, equiparam-se aos ativos financeiros negociados no mercado nacional e, portanto, não estão sujeitos às regras discutidas a seguir.

Além disso, os ativos financeiros no exterior que venham a compor a carteira dos fundos devem observar as condições mínimas definidas pela CVM, por meio da IN nº 555/2014, em seu art. 98, § 2º, quais sejam:

I – ser registrados em sistema de registro, objeto de escrituração de ativos, objeto de custódia ou objeto de depósito central, em todos os casos, por instituições devidamente autorizados em seus países de origem e supervisionados por autoridade local reconhecida; ou
II – ter sua existência diligentemente verificada pelo administrador ou pelo custodiante do fundo, conforme definido em regulamento, e desde que tais ativos sejam escriturados ou custodiados, em ambos os casos, por entidade devidamente autorizada para o exercício da atividade por autoridade de países signatários do Tratado de Assunção ou em outras jurisdições, desde que, neste último caso, seja supervisionada por autoridade local reconhecida.

No caso específico de derivativos, as operações dos fundos de investimento têm de observar ao menos uma das seguintes condições estabelecidas no § 3º do art. 98 da IN nº 555/2014:

I – sejam registradas em sistemas de registro, objeto de escrituração, objeto de custódia ou registradas em sistema de liquidação financeira, em todos os casos, por sistemas devidamente autorizados em seus países de origem e supervisionados por autoridade local reconhecida;

II – sejam informadas às autoridades locais;

III – sejam negociadas em bolsas, plataformas eletrônicas ou liquidadas por meio de contraparte central; ou

IV – tenham, como contraparte, instituição financeira ou entidades a ela filiada e aderente às regras do Acordo da Basileia, classificada como de baixo risco de crédito, na avaliação do gestor, e que seja supervisionada por autoridade local reconhecida.

Compreendida a natureza básica dos fundos de investimento, bem como os títulos e valores mobiliários que podem compor suas carteiras, vale classificá-los segundo critérios relacionados, sobretudo, ao próprio perfil dessas carteiras, o qual determina, entre outras, suas características em termos de risco e liquidez.

Classificação dos fundos

A literatura sobre o tema é bastante ampla e variada quando o tema é a classificação dos fundos de investimento financeiros. A fim de manter a consistência com o conteúdo desenvolvido neste e nos capítulos anteriores, é interessante manter a análise em linha com a regulamentação da CVM.

Segundo aquele órgão (IN nº 555, IX, III), os fundos se classificam em:

- fundos de renda fixa;
- fundos de ações;
- fundos multimercado;
- fundos de investimento em cotas de fundo de investimento;
- fundos cambiais.

SISTEMA FINANCEIRO NACIONAL

A critério dos administradores, podem ser utilizados sufixos que sugiram características específicas de cada fundo, obedecendo a classificação que se acaba de expor (art. 108, § 2º). Da mesma forma, os fundos de longo prazo, que gozam de tratamento tributário favorecido, devem conter a expressão "longo prazo" em suas denominações.

As carteiras dos fundos de "renda fixa" devem ter como principal fator de risco a variação da taxa de juros, de índices de preços ou ambos. Esses fundos devem, ainda, manter 80% da carteira em ativos relacionados ao fator de risco que dá nome à classe, seja de forma direta, seja por meio de derivativos (art. 110).

Os fundos de renda fixa chamados de "referenciados" são aqueles que mantêm pelo menos 95% de seu patrimônio líquido investido em ativos que acompanham, direta ou indiretamente, determinado índice de referência. Em sua denominação, o fundo deve manter o termo "referenciado", seguido do índice de referência.

Por sua vez, os fundos de renda fixa, que mantenham pelo menos 80% de seu patrimônio líquido na forma de títulos da dívida externa de responsabilidade da União, devem incluir em sua denominação, o sufixo "dívida externa".

Os fundos classificados como "de ações" devem ter como principal fator de risco a variação de preços de ações negociadas no mercado organizado. Nesses fundos, pelo menos 67% do patrimônio líquido devem ser compostos pelos seguintes ativos financeiros (art. 115):

- ações admitidas à negociação em mercado organizado;
- bônus ou recibos de subscrição e certificados de depósito de ações;
- cotas de fundos de ações e cotas dos fundos de índice de ações;
- *Brazilian depositary receipts* (BDR).

Como previsto na **IN CVM nº 555/2014**:

Art. 119. O fundo de investimento em cotas de fundos de investimento deve manter, no mínimo, 95% (noventa e cinco por cento) de seu patrimônio investido em cotas de fundos de investimento de uma mesma classe, exceto os fundos de investimento em cotas classificados como "Multimercado", que podem investir em cotas de fundos de classes distintas.

§ 1º. Os restantes 5% (cinco por cento) do patrimônio do fundo podem ser mantidos em depósitos à vista ou aplicados em:

I – títulos públicos federais;

II – títulos de renda fixa de emissão de instituição financeira;

III – operações compromissadas;

IV – cotas de fundos de índice que reflitam as variações e a rentabilidade de índices de renda fixa; e

V – cotas de fundos de investimento classificados como "Renda Fixa" que atendam ao disposto nos arts. 111, 112 e 113 [da IN CVM nº 555/2014], observado que, especificamente no caso do art. 112, desde que o respectivo indicador de desempenho (*benchmark*) escolhido seja a variação das taxas de depósito interfinanceiro ("CDI") ou SELIC.

Conforme glossário do Bacen:

No mercado de títulos de renda fixa, operações compromissadas são operações de compra (ou venda) de títulos com compromisso de revenda (ou recompra) dos mesmos títulos em uma data futura, anterior ou igual à data de vencimento dos títulos [Banco Central do Brasil, s.d.].

Por fim, "os fundos classificados como 'cambiais' devem ter como principal fator de risco de carteira a variação de preços de moeda estrangeira ou a variação do chamado cupom cambial" (IN CVM nº 555/2014, art. 116, *caput*). Esse é o nome dado ao prêmio, ou remuneração extra, pago ao investidor por assumir o risco da moeda em que ele está aplicando. Esse prêmio geralmente é adicionado ao rendimento da aplicação considerada sem risco, usualmente, os títulos do Tesouro americano. O cupom cambial tende a se elevar quanto maior for o risco do país emissor da moeda.

Nesses fundos, pelo menos 80% do valor da carteira devem ser compostos por ativos relacionados à classe que dá nome ao fundo, seja de forma direta ou por meio de derivativos.

Para além dessas cinco grandes categorias, que respondem por parcela expressiva das aplicações financeiras das famílias brasileiras que não estão em depósitos de caderneta de poupança, existem ainda os chamados "fundos restritos" (IN CVM nº 555/2014, IX). Estes, por sua vez, incluem:

- fundos para investidores qualificados;
- fundos para investidores profissionais;
- fundos previdenciários.

Os fundos para "investidores qualificados", em geral, admitem como cotistas os empregados ou sócios das instituições administradoras ou gestoras do próprio fundo ou sociedades a elas ligadas. Nesses fundos, é permitida a permanência e a realização de novas aplicações por parte de outros cotistas, desde que ingressem mediante concordância com os critérios de admissão vigentes anteriormente.

À semelhança dos fundos para investidores qualificados, os fundos para "investidores profissionais" podem admitir como cotistas:

I – os empregados ou sócios das instituições administradoras ou gestoras deste fundo ou empresas a ela ligadas, desde que expressamente autorizados pelo diretor responsável da instituição perante a CVM; e

II – investidores relacionados a investidor profissional por vínculo familiar ou vínculo societário familiar, desde que no mínimo 90% (noventa por cento) das cotas do fundo em que se pretenda ingressar sejam detidas por tais investidores [IN CVM nº 555/2014, art. 128, parágrafo único].

Denomina-se "exclusivo" o fundo para investidores profissionais constituído para receber aplicações de um único cotista.

Por fim, os "fundos previdenciários" são aqueles constituídos para aplicação de recursos de:

I – entidades abertas ou fechadas de previdência privada;

II – regimes próprios de previdência social instituídos pela União, pelos Estados, pelo Distrito Federal ou por Municípios;

III – planos de previdência complementar aberta e seguros de pessoas, de acordo com a regulamentação editada pelo Conselho Nacional de Seguros Privados; e

IV – FAPI – Fundo de Aposentadoria Programada Individual [investidores [IN CVM nº 555/2014, art. 131].

Muito embora sejam destinados, idealmente, ao acúmulo de patrimônio financeiro que reverta em renda depois de alguns anos, os fundos previdenciários têm sido utilizados no Brasil como mais uma opção dentro da chamada indústria dos fundos. Em boa medida, isso se deve ao tratamento fiscal favorável, à semelhança dos fundos de renda fixa – longo prazo.

SISTEMA FINANCEIRO NACIONAL

Limites para a composição das carteiras

A fim de garantir níveis adequados de risco para os aplicadores, contribuindo com a estabilidade do sistema financeiro como um todo, as normas da CVM estabelecem critérios e limites para a composição das carteiras dos fundos de investimento.

Assim, antes de tudo, essa composição deve guardar relação estrita com o regulamento do fundo, com o qual cada cotista declara estar de acordo.

Além disso, só podem compor a carteira dos fundos os ativos financeiros que sejam registrados em sistema próprio e sejam objeto de custódia ou de depósito central. Em todos os casos, as instituições depositárias ou custodiantes devem estar autorizadas a operar pelos órgãos reguladores, com destaque para o Bacen e a própria CVM.

Além desses dispositivos bastante genéricos, os fundos estão submetidos a limites em suas carteiras, definidos em função do emissor dos títulos ou valores imobiliários.

Assim, os fundos devem observar, além das normas especificamente relacionadas a sua classe, os seguintes limites, conforme art. 102 da IN CVM nº 555/2014:

I – até 20% (vinte por cento) do patrimônio líquido do fundo quando o emissor for instituição financeira autorizada a funcionar pelo Banco Central do Brasil;

II – até 10% (dez por cento) do patrimônio líquido do fundo quando o emissor for companhia aberta;

III – até 10% (dez por cento) do patrimônio líquido do fundo quando o emissor for fundo de investimento;

IV – até 5% (cinco por cento) do patrimônio líquido do fundo quando o emissor for pessoa natural ou pessoa jurídica de direito

O MERCADO DOS FUNDOS DE INVESTIMENTO

privado que não seja companhia aberta ou instituição financeira autorizada a funcionar pelo Banco Central do Brasil; e

V – não haverá limites quando o emissor for a União Federal.

Do mesmo modo, o fundo não pode deter mais de 20% de seu patrimônio líquido em títulos ou valores mobiliários de emissão do administrador, do gestor ou de empresas a eles ligadas (IN CVM nº 555/2014, § 2º). Esse é o caso típico dos fundos administrados por bancos e esse limite se refere, entre outros, aos CDBs de emissão do próprio banco administrador.

Os derivativos constituem um caso de interesse especial. Isso porque, como são ativos financeiros que derivam de outras operações e outros ativos, é preciso estabelecer com clareza a titularidade do emissor a fim de enquadrá-los nas limitações impostas às carteiras dos fundos. Assim, o valor das posições dos fundos em derivativos é calculado de forma cumulativa, considerando o emissor do ativo subjacente e a contraparte, emissora do próprio derivativo.

Outra categoria de restrição que pesa sobre as carteiras dos fundos de investimento refere-se às modalidades de ativos financeiros. O objetivo da regulamentação é impedir a concentração excessiva, potencial geradora de riscos para os cotistas.

Assim, considerando em paralelo os limites por emissor, os fundos devem observar os seguintes limites (art. 103 da IN CVM nº 555/2014):

I – até 20% (vinte por cento) do patrimônio líquido do fundo, para o conjunto dos seguintes ativos:
a) cotas de fundos de investimento registrados com base nesta Instrução;
b) cotas de fundos de investimento em cotas de fundos de investimento registrados com base nesta Instrução;

SISTEMA FINANCEIRO NACIONAL

c) cotas de fundos de investimento destinados exclusivamente a investidores qualificados registrados com base nesta Instrução;

d) cotas de fundos de investimento em cotas de fundos de investimento destinados exclusivamente a investidores qualificados registrados com base nesta Instrução;

e) cotas de Fundos de Investimento Imobiliário – FII;

f) cotas de Fundos de Investimento em Direitos Creditórios – FIDC;

g) cotas de Fundos de Investimento em Fundos de Investimento em Direitos Creditórios – FIC-FIDC;

h) cotas de fundos de índice admitidos à negociação em mercado organizado;

i) Certificados de Recebíveis Imobiliários – CRI; e

j) outros ativos financeiros [...]

II – dentro do limite de que trata o inciso I [20%], até 5% (cinco por cento) do patrimônio líquido do fundo, para o conjunto dos seguintes ativos:

a) cotas de Fundos de Investimento em Direitos Creditórios Não Padronizados – FIDC-NP;

b) cotas de Fundos de Investimento em Fundos de Investimento em Direitos Creditórios Não Padronizados – FIC-FIDC-NP;

c) cotas de fundos de investimento destinados exclusivamente a investidores profissionais registrados com base nesta Instrução; e

d) cotas de fundos de investimento em cotas de fundos de investimento destinados exclusivamente a investidores profissionais registrados com base nesta Instrução.

III – não há limite de concentração por modalidade de ativo financeiro para o investimento em:

a) títulos públicos federais e operações compromissadas lastreadas nestes títulos;

b) ouro, desde que adquirido ou alienado em negociações realizadas em mercado organizado;

c) títulos de emissão ou coobrigação de instituição financeira autorizada a funcionar pelo Banco Central do Brasil;

d) valores mobiliários diversos daqueles previstos no inciso I, desde que objeto de oferta pública registrada na CVM, observado, ainda, o disposto no § 4º [§4º. Ressalvado o fundo enquadrado no art. 119, é vedado ao fundo a aplicação em cotas de fundos que não estejam previstos nos incisos I e II];

e) notas promissórias, debêntures e ações, desde que tenham sido emitidas por companhias abertas e objeto de oferta pública; e

f) contratos derivativos, exceto se referenciados nos ativos listados nos incisos I e II.

Clubes de investimento

Os clubes de investimento não são propriamente fundos, mas sua natureza guarda um tal paralelo com eles que cabe uma breve reflexão sobre tais clubes no contexto mais amplo do Sistema Financeiro Nacional.

Esses clubes também são uma espécie de condomínio que reúne recursos de pessoas físicas – no mínimo três e no máximo 50 participantes – com vistas à aplicação em títulos e valores mobiliários. É, portanto, um instrumento de investimento coletivo no mercado de capitais, porém mais restrito que um fundo de investimento. Sua regulamentação foi estabelecida pela IN CVM nº 494/2011 (ver o Portal do Investidor <www.portaldoinvestidor.gov.br>).

Um dos objetivos dos clubes de investimento é servir como uma forma de iniciação de pequenos investidores ao mercado de capitais. Por conta disso, foram definidas normas de constituição e funcionamento muito mais simples e flexíveis para esses clubes. Entre elas, destaca-se a dispensa de registro na CVM, bem ao contrário dos fundos de investimento.

Além disso, a gestão da carteira do clube pode ser realizada por um ou mais cotistas, eleitos pela assembleia geral, observadas algumas vedações da norma. Isso aproxima o aplicador da gestão efetiva dos ativos geridos pelo clube. E ao permitirem esse maior envolvimento, os clubes de investimento facilitam o aprendizado sobre as técnicas de gestão de carteira e da dinâmica do mercado de títulos e valores mobiliários.

Do ponto de vista regulatório, a limitação ao número de participantes visa evitar que alguns fundos possam, de alguma forma, tentar se caracterizar como clubes com o objetivo de escapar das regras mais rígidas daquele mercado, o que poderia, potencialmente, colocar os investidores em risco.

Via de regra, os clubes são constituídos por grupos sociais próximos, como amigos, familiares, colegas de trabalho ou pessoas com objetivos comuns. Mais do que simplesmente obter ganhos, esses grupos buscam aprender na prática sobre o funcionamento do mercado de títulos e valores mobiliários. Para isso, em geral esses grupos se reúnem periodicamente para debater as melhores oportunidades de composição da carteira do clube, o que garante oportunidades efetivas de participação na gestão, no controle e aprendizado.

Segundo o que dispõe a norma citada da CVM (art. 18), todo clube de investimento deve ser administrado por sociedade corretora, sociedade distribuidora, banco de investimento ou banco múltiplo com carteira de investimento. Esse administrador é responsável pelo conjunto de atividades e de serviços relacionados, direta e indiretamente, ao funcionamento e manutenção do clube.

Assim como no caso dos fundos, o patrimônio do clube de investimento é dividido em cotas. Essas cotas são valores mobiliários, segundo o que reza a Lei nº 6.385/1976, art. 2º. Por isso, essas cotas estão sujeitas à regulamentação e à fiscalização da CVM. Assim, ao aplicar seus recursos e contribuir com a formação do patrimônio, o investidor se torna um cotista do clube. Também como ocorre nos fundos, o retorno do cotista dependerá da valorização das cotas. Isso, por sua vez, dependerá da evolução do valor dos ativos que compõem a carteira do clube. Portanto, muito mais do que no caso dos fundos, é importante que cada potencial investidor esteja atento à política de investimento que baliza a gestão da carteira do clube, potencialmente sujeita a menor grau de profissionalismo do que os fundos tradicionais.

Uma característica específica é que cada clube de investimento só pode ser constituído como um condomínio aberto, isto é, os cotistas podem adquirir ou requerer o resgate de suas cotas livremente, de acordo com as condições estabelecidas no estatuto. Como regra, esse estatuto só pode ser alterado, salvo em situações específicas definidas pelos reguladores, por decisão dos participantes em assembleia geral, a qual tem poderes para decidir sobre todas as matérias relativas aos interesses do clube.

A gestão da carteira do clube pode ser realizada pelo administrador cotista, eleito pela assembleia geral, ou por pessoas físicas ou jurídicas contratadas pelo administrador especificamente para esse fim. Mas, em ambos os casos, o administrador deve estar previamente autorizado a exercer essa atividade pela CVM.

A carteira dos clubes de investimento deve ser composta por, no mínimo, de 67% de (IN CVM nº 494/2011, art. 26):

I – ações;

II – bônus de subscrição;

III – debêntures conversíveis em ações, de emissão de companhias abertas;

IV – recibos de subscrição;

V – cotas de fundos de índices de ações negociados em mercado organizado; e

VI – certificados de depósitos de ações.

Em todos os casos, devem ser observadas as regras baixadas pela CVM e demais órgãos reguladores dos mercados organizados. Por fim, há uma limitação importante: nenhum cotista pode ser titular de mais de 40% do total das cotas do clube (art. 6º da IN CVM nº 494/2011).

Em resumo

A chamada "indústria dos fundos" é um segmento amplo do Sistema Financeiro Nacional, mas os números também impressionam. Segundo a Associação Brasileira das Entidades dos Mercados Financeiro e de Capitais (Anbima), o patrimônio líquido dos fundos de investimento ultrapassou a marca de R$ 2,7 trilhões em 2014, último ano com dados disponíveis, o equivalente a 47,5% do PIB da época (Anbima, 2015). No mesmo ano, estima-se que o estoque de recursos aplicados na caderneta de poupança era da ordem de R$ 650 bilhões.

Esse montante expressivo de recursos no patrimônio dos fundos decorre, em boa medida, da versatilidade dessa modalidade de aplicação financeira e de sua comercialização pelos próprios bancos. Com isso, mostra-se extremamente fácil para os investidores aplicar, gerenciar e resgatar seus recursos utilizando, basicamente, o *internet banking*, muitas vezes a partir de seus próprios *smartphones*.

A forma de operação desses mercados é amplamente desconhecida. Daí a relevância do conteúdo desenvolvido neste capítulo, fortemente pautado nas normas regulatórias e no esclarecimento das várias facetas desse mercado.

Conclusão

E então, caro leitor, qual seu estado de ânimo ao final da leitura deste livro?

Propusemos, logo no primeiro capítulo, uma reflexão histórica cujo principal objetivo foi demonstrar que mercados, instituições e agentes financeiros, tão comuns em nossos dias, surgiram progressivamente ao longo dos séculos. Nosso mundo atual, mergulhado nas mais variadas relações financeiras, é herdeiro de um processo longo, cuja trajetória se confunde com a história do próprio dinheiro, dos governos e dos homens e mulheres de negócio.

Também oferecemos, logo no primeiro capítulo, o pano de fundo mais geral para compreender a regulação do Sistema Financeiro Brasileiro, com seus agentes reguladores e operadores.

Os capítulos seguintes procuraram mergulhar fundo na caracterização e no estudo de segmentos específicos do sistema financeiro. Mantendo sempre um referencial sólido nas normas legais e outros dispositivos de regulação, passamos por todos os grandes subsistemas. Analisamos as características essenciais de bancos, agências de fomento, instituições de crédito imobiliário, distribuidoras de valores, fundos.

Certamente, a densidade dessa temática e seus múltiplos detalhes exigiram que você, leitor, voltasse diversas vezes aos vários capítulos do livro para uma releitura. Talvez algumas releituras.

Não desanime se isso aconteceu. Saiba que montar e analisar esse material vasto também exigiu muito de nós, autores.

Seja como for, temos uma certeza: a temática é relevante e o tema fascina. A imensa maioria das pessoas quase não percebe a multiplicidade de relações financeiras com as quais tem de lidar no dia a dia. Por exemplo: você tem certeza de que, neste exato momento, não está havendo um débito automático em sua conta-corrente? Ou que houve mudança na composição de seu fundo de renda fixa? Aquela correspondência com o logo do banco que você deixou sobre a mesa, descuidadamente, era sobre o que mesmo?

Nos elevadores, vemos telas que nos bombardeiam com informações sobre o mundo financeiro quase 24 horas por dia. Mas quem realmente sabe como se dá a dinâmica nesses mercados? Quem pode ajudar as organizações a aperfeiçoar sua gestão financeira?

Ao final da leitura deste livro, leitor, certamente você subiu alguns degraus na escala dos que conseguem se destacar na multidão, compreendendo processos cotidianos tão importantes e, ao mesmo tempo, tão mal explorados pela grande maioria das pessoas.

Certamente era esse o diferencial que você buscava quando se propôs a dar início à leitura.

Esperamos, sinceramente, que você esteja mais informado, mais capacitado e, se nós, autores, realmente trabalhamos bem, mais intrigado e querendo explorar o tema ainda mais a fundo.

Referências

AMORIM, A. J. et al. Home broker e BM&F Bovespa: um estudo de caso. *Revista Eletrônica de Administração* (REA), v. 10, n. 1, 2011.

ASSOCIAÇÃO BRASILEIRA DAS ENTIDADES DE CRÉDITO IMOBILIÁRIO E POUPANÇA (ABECIP). *O Sistema Financeiro da Habitação e seus 30 anos de* existência: realizações, entraves e novas proposições. São Paulo: Abecip, 1994. Disponível em: <www.abecip.org.br/publicacoes/livros>. Acesso em: 20 fev. 2016.

ASSOCIAÇÃO BRASILEIRA DAS ENTIDADES DOS MERCADOS FINANCEIRO E DE CAPITAIS (ANBIMA) (2011) *Certificações profissionais.* São Paulo: Anbima, 2011. Disponível em: <http://certificacao.anbid.com.br/sobre_certificacao.asp>. Acesso em: 16 fev. 2016.

_____. *Anuário Anbima.* São Paulo: Anbima, 2015.

BARCELLOS, M.; AZEVEDO, S. *Histórias do mercado de capitais no Brasil.* Rio de Janeiro: Campus Elsevier, 2011.

BARSI FILHO, Luiz. Qualquer brasileiro poderia se tornar o 'rei da Bolsa'. *Folha de S.Paulo*, Caderno Mercado 1, p. B3, 8 mar. 2014. Entrevista concedida a Angelo Figo.

CAGNIN, R. A evolução recente do sistema imobiliário. *Revista Conjuntura da Construção*, jul. 2012.

CÂMARA BRASILEIRA DA INDÚSTRIA DA CONSTRUÇÃO (CBIC). *Déficit habitacional total, relativo e por componentes*: Brasil, regiões, unidades da federação e regiões metropolitanas. Brasília: CBIC, 2015. Disponível em: <www.cbic.org.br>. Acesso em: 19 fev. 2016.

CASTRO, L.B. Discutindo os acordos da Basileia. *Revista do BNDES*, v. 14, n. 28, p. 277-304, dez. 2007.

CERUTTI, E.; DAGHER, J.; DELL'ARICCIA, G. *Housing finance and real-estate booms*: a cross-country perspective. Washington: International Monetary Fund, 2015. IMF Staff Discussion, note SDN/15/12.

COMISSÃO DE VALORES MOBILIÁRIOS (CVM). *Instrução Normativa nº 494*. Rio de Janeiro: CVM, 2011. Disponível em: <www.cvm.gov.br/export/sites/cvm/legislacao/instrucoes/anexos/400/inst494.pdf>. Acesso em: 2 jan. 2017.

_____. *Instrução Normativa nº 555*. Rio de Janeiro: CVM, 2014. Disponível em: <www.cvm.gov.br/export/sites/cvm/legis.lacao/instrucoes/anexos/500/inst563.pdf>. Acesso em: 2 jan. 2017.

CONSELHO MONETÁRIO NACIONAL. *Resolução nº 2.099*. Brasília: Banco Central do Brasil, 1994.

_____. *Resolução nº 2.624*. Brasília: Banco Central do Brasil, 1999.

CORAZZA, G. Passado e futuro dos bancos comerciais. *Ensaios FEE*, v. 21, n. 1, p. 101-118, 2000.

COSTA NETO, Y. C. da. *Bancos oficiais no Brasil*: origem e aspectos de seu desenvolvimento. Brasília: Banco Central do Brasil, 2004.

EATON, B. C.; EATON, D. F. *Microeconomia*. São Paulo: Saraiva, 1999.

ELOY, C. M. *O papel do Sistema Financeiro da Habitação diante do desafio de universalizar o acesso à moradia digna no Brasil*. Tese (doutorado) – Faculdade de Arquitetura e Urbanismo, Universidade de São Paulo, São Paulo, 2013.

GOODHART, C. *The changing role of central banks*. Basileia: Bank of International Settlements (BIS), 2010. Working paper n. 326.

HUIZINGA, J. *Homo ludens*: o jogo como elemento da cultura. São Paulo: Perspectiva, 1980.

INSTITUTO BRASILEIRO DE GEOGRAFIA E ESTATÍSTICA (IBGE). *Pesquisa Nacional por Amostra de Domicílios 2014*. Brasília: IBGE, 2015. Disponível em: <www.ibge.gov.br>. Acesso em: 19 fev. 2016.

REFERÊNCIAS

Leite, K. V. B.; Reis, M. O acordo de capitais de Basileia III: mais do mesmo?. *Revista Economia*, v. 14, n. 1A, p. 159-187, 2013.

Paiva, M. D. BNDES: um banco de história e do futuro. São Paulo: Museu da Pessoa, 2012.

Rocha, S. *Direito tributário, societário e a reforma da Lei das S/A*. São Paulo: Quartier Latin, 2011.

Runciman, S. *História das Cruzadas*. São Paulo: Imago, 2001.

Santos, A. M. S. P.; Duarte, S. M. Política habitacional no brasil: uma nova abordagem para um velho problema. In: Tourinho, O.; Ferreira, L.; Paula, L. F. de. (Org.). *Os desafios atuais para a economia brasileira*. Rio de Janeiro: Eduerj, 2010. p. 231-256.

Santos, Jailson Moreira dos. A história da Caixa Econômica Federal do Brasil e o desenvolvimento econômico, social e político brasileiro. In: Costa, Juliana Camargos et al. *O desenvolvimento econômico brasileiro e a Caixa*: trabalhos premiados. Rio de Janeiro: Centro Internacional Celso Furtado de Políticas para o Desenvolvimento/Caixa Econômica Federal, 2011. p. 167-182. Disponível em: <www.centrocelsofurtado.org.br/.../201111011244400. LivroCAIXA_T_0_167.pdf>. Acesso em: 6 ago. 2017.

Valente, Paulo. *Financiamento de longo prazo*: um roteiro prático para BNDES, IFC, Finep e outras instituições. Rio de Janeiro: Elsevier, 2011.

White, L. H. *Free banking in Britain theory, experience and debate, 1800-1845*. 2 ed. rev. Londres: The Institute of Economic Affairs, 1995.

Sites consultados

Banco Central do Brasil: <www.bcb.gov.br/>.
Banco Central do Brasil. Glossário: <www.bcb.gov.br/glossario.asp? Definicao=153&idioma=P&idpai=GLOSSARIO>.

SISTEMA FINANCEIRO NACIONAL

Banco do Brasil: <www.bb.com.br>.

Banco do Nordeste: <www.bnb.gov.br>.

BM&FBovespa: <www.bmfBovespa.com.br>; <http://br.advfn.com>.

Banco Nacional de Desenvolvimento Econômico e Social (BNDES): <www.bndes.gov.br/>.

Finep: <www.finep.gov.br/>.

Mundo dos Bancos: <www.mundodosbancos.com/acordos-de--basileia/>.

Portal do Investidor: <www.portaldoinvestidor.gov.br/menu/Menu_Investidor/valores_mobiliarios/cotas_outros_clubes.html>.

Autores

Robson Ribeiro Gonçalves
Mestre em economia pela Universidade Estadual de Campinas (Unicamp), graduado em economia pela Universidade de São Paulo (USP). Consultor de empresas públicas e privadas na FGV Projetos. Coautor dos livros *Economia empresarial* e *Economia: simples como deve ser.* Foi técnico do Banco Central do Brasil e pesquisador do Instituto de Pesquisa Econômica Aplicada (Ipea). Professor convidado do FGV Management.

Cristóvão Pereira de Souza
Mestre em gestão empresarial pela Fundação Getulio Vargas. Especialista em finanças pela New York University e pelo Instituto Brasileiro de Mercado de Capitais (Ibmec). Engenheiro eletricista pela Pontifícia Universidade Católica do Rio de Janeiro (PUC-Rio). Foi assessor de planejamento de Furnas S.A., chefe de custos da Cia. Ceras Johnson, chefe da assessoria de estudos financeiros da Fundação Petrobras de Seguridade Social (Petros) e diretor financeiro da SFB Sistemas. É docente de finanças em cursos de administração e economia, consultor e palestrante de diversas empresas. Ex-membro do conselho de administração da EasyCAE S.A. Sócio fundador da Takeover Treinamento Ltda. Professor convidado do FGV Management.

Este livro foi impresso nas oficinas gráficas da Editora Vozes Ltda.,
Rua Frei Luís, 100 – Petrópolis, RJ.